BİR ZAMANLAR ORTA ASYA

Once Upon a Time in Central Asia

Когда-то Средняя Азия

With my best wishes for the New Year 21.1.1997

Ergun Çağatay

BİR ZAMANLAR ORTA ASYA

ONCE UPON A TIME IN CENTRAL ASIA

КОГДА-ТО СРЕДНЯЯ АЗИЯ

TETRAGON
İletişim
Hizmetleri
Anonim
Şirketi

İstanbul 1996

Teşekkür • Acknowledgement • Благодарность

"Türkçe Konuşanlar" projesinin bir parçası olan "Bir Zamanlar Orta Asya - 19. yy fotoğrafları"
sergisinin ve elinizdeki kitabın hazırlanmasında emeği geçen herkese;
özellikle Prof. Akbar Hakimov, Dr. Dimitry Vasilyev, Galina Dlujnevskaya (St-Petersburg Fotoğraf
Arşivi Müdiresi), Vladimir Kovalev (Munisinsk Müzesi Müdürü), Çiğdem Tüzün, Nihat Gökyiğit,
Ludmila Mıltıgaşeva (Hakasya Müzesi Müdiresi), Ali Taşkıran, Tunç Uluğ, Lubov Belokon,
Mary Berkmen, Ahmet Kayacık ve Hüseyin Eryılmaz'a teşekkür ederiz.
Ayrıca "Türkçe Konuşanlar" projesine maddi ve manevi destek veren sponsorlarımıza da
teşekkürü bir borç biliriz:

T.C. Başbakanlık Tanıtma Fonu	Fintraco
T.C. Dışişleri Bakanlığı	Fuji Film Türkiye
T.C. Kültür Bakanlığı	Koç Holding
DEİK	Tekfen Holding
DHL	THY

We wish to express our thanks to all those who have contributed
to the preparation of this book you are holding and to the exhibition "Once Upon a Time
in Central Asia", both of which are part of the larger project "Turkish Speaking Peoples",
especially to Prof. Akbar Hakimov, Dr. Dimitry Vasilyev, Galina Dlujnevskaya (Director of
photo-archives in St-Petersburg), Vladimir Kovalev (Director of museum in Munisinsk), Çiğdem Tüzün,
Nihat Gökyiğit, Ludmila Mıltıgaşeva (Director of museum in Khakassia),
Ali Taşkıran, Tunç Uluğ, Lubov Belokon, Mary Berkmen, Ahmet Kayacık and Hüseyin Eryılmaz.
In addition we are gratitude to the following institutians and companies which have given
material and financial support to our greater project:

The Prime Ministry, Republic of Turkey	Fintraco
The Ministry of Foreign Affairs, Republic of Turkey	Fuji Film of Turkey
The Ministry of Culture Republic of Turkey	KOÇ Holding
DEİK	TEKFEN Holding
DHL	THY

Мы выражаем благодарность всем, кто оказал помощь в подготовке выставки
"Когда-то Средняя Азия: фотографии 19-го века" которая представляет собой один из
разделов проекта "Говорящие на тюркских языках", и данной книги. Мы особенно
признательны проф.Акбару Хакимову, Др-у Димитрию Васильеву, Галине Длужневской
(директору фотоархива в Санкт-Петербурге), Владимиру Ковалеву
(директору Мунисинского музея), Чигдем Тюзюн, Нихату Гокйигиту, Людмиле
Мылтыгашевой (директору Хакасского музея), Али Ташкырану, Тунчу Улугу,
Любови Белоконь, Мери Беркмен, Ахмету Кайаджику и Гусейну Эрйылмазу.
Мы также благодарны организациям, оказавшим нам
материальную и моральную поддержку:

Представительския Фонд при Премьер-Министре Турции	Финтрако
Министерство Иностранных Дел Турции	Представительство Фужи фильм в Турции
Министерство культуры Турции	Коч Хольдинг
ДЕИК	Текфен Хольдинг
ДХЛ	Турецкие Авиалинии

İçindekiler • Contents • Содержание

*Sayfa/Page/*Стр.

Önsöz	1
Yüz Yıl Uzunluğunda Bir Irmak	14
Buhara, Hiva, Kokand	23
Semerkand	95
Kazakistan	151
Hakasya, Altay, Tuva	181
Bozkaşi	206
Kaynakça	212

Preface	5
A stream a hundred years long	16
Khiva, Bukhara, Khokand	28
Samarkand	100
Kazakhstan	154
Khakassia, Altay, Tuva	185
Buzkhashi	206
Bibliography	212

Предисловие	9
Река времени длиною в век	18
Хива, Бухара и Коканд	33
Самарканд	105
Казахстан	157
Хакасия, Алтай, Тува	189
Бозкаши	206
Библиография	212

Önsöz

Gazette de France 6 Ocak 1839'da, **Louis Daguerre**'in çok önemli bir keşif yaparak ortağı **Nicephore Niepce** ile birlikte fotoğrafı icat ettiklerini bütün dünyaya ilan ettiğinde; Orta Asya'da, Türkistan diye bilinen toprakların güneyinde ve batısında; bugünkü Türkmenistan, Özbekistan ve Kırgızistan'ın yerinde **Hiva, Buhara ve Kokand hanlıkları** bulunuyordu.

Gazetede yayınlanan haberden bir yıl sonra Daguerre, bastırdığı 79 sayfalık *"Historique et description du procédé du Daguerreotype et du Dioroma"* adlı kitapçıkla icadını dünyaya tanıtmış oldu. Kitap, tercüme edildiği her ülkede (Japonya, Amerika ve Rusya başta olmak üzere) büyük bir ilgi gördü. Böylece fotoğraf evrensel bir bilgi olmuştu.

Yine aynı yıllarda İngiliz araştırmacı **William Henry Fox Talbot**, deniz tuzuna batırdıktan sonra üzerine gümüş nitrat sürdüğü kağıt parçalarını ışığa duyarlı hale getirmeyi başardı. Calotype denilen bu tür ile fotoğraf çekimini serileştirerek basite indirgedi. Bu sistem açık sahada çalışma şartlarını kolaylaştırdığından öncelikle arkeologlar tarafından yaygın bir şekilde benimsendi.

Fotoğrafta bir diğer önemli gelişme 1870'li yıllarda olmuştur. İngiliz kökenli fotoğrafçı **Edward Muybridge** Amerika'ya göç ettikten sonra fotoğrafta hareketleri dondurmayı başardı. Yarış atlarına aşırı düşkün olan Kaliforniya valisinden aldığı bağışlar sayesinde çalışmalarını sürdüren Muybridge; kamera adesesine yerleştirdiği optilatörle valinin en kıymetli atı "Occident"in, koşu sırasında hareketlerini dondurarak, fotoğrafın en önemli unsurlarından biri olan hareketi dondurma işlemini ilk başaran kişi oldu.

Fotoğrafta bu gelişmeler olurken aynı yıllarda politik arenada başka tür gelişmeler oluyordu. Fotoğrafçı Muybridge, Amerikan hükümeti adına, Çarlık Rusyası'ndan yeni alınan bölgelerin (Alaska) fotoğrafını çekmeye gidiyordu. Kontrol edemediği topraklarını, Majestelerinin üzerinde güneş batmayan imparatorluğuna kaptırma korkusuyla Amerika'ya satan Çarlık Rusyası; bunun acısını Orta Asya'dan çıkarmaya hazırlanıyordu. İngiltere, Hindistan'ın güvenliği açısından son derece önemsediği Orta Asya'nın kontrolü için Rusya ile uzun süreden beri çekişirken; Rusya, geçmişteki başarısızlıklarının izlerini de silmek amacıyla, Alman kökenli **General Konstantin Kaufmann**'ı Orta Asya'nın fethi ile görevlendirmişti.

Orta Asya'da Rus egemenliğine giren ilk şehir Taşkent oldu (1865). Taşkent, Kokand ve Buhara hanlıklarının yıllar süren kırıcı mücadelesinin çekirdeğini oluşturuyordu. Geçmişte birkaç kez el değiştiren kent, son olarak, kanlı bir savaşın ardından, Kokand Hanlığı'nın yönetimine girmişti. Sadece dokuz ay sonra; General Kaufmann'ın Hiva Hanlığı'na sefer hazırlıklarını sürdürdüğü sırada **General Mikhail Çerniaev**, üstlerinden ve St.Petersburg'dan izin alma gereğini bile duymadan 2000 kişilik bir kuvvetle Taşkent'e saldırdı. Taşkent saldırılara her ne kadar gücünün son kertesine kadar direndiyse de; askeri güç, taktik ve teknik açıdan Rus Kuvvetlerinin yüz yıl gerisindeydi. Kentin; Rus topçu ateşinin altında tümüyle harap olmaması, çıkışı olmayan bir açmazda daha fazla kan dökülmemesi için, ileri gelen ulema teslim olmayı kabul etti.

Taşkent'in Rus İmparatorluğu'na katılmasıyla Orta Asya'da yeni bir dönem başladı.

Rusya, Türkistan'ın ortasında önemli bir atlama taşı kazanırken; General Kaufmann'ın bundan sonraki hedefi Buhara Hanlığı ve Semerkand oldu (1868). Esir ticaretinin merkezi Hiva Hanlığı 1873'te, Kokand Hanlığı ise 1876'da Çarlık Rusya'sının hükümranlığını kabul etti. Rusya'nın yarı otonom birer parçası haline gelmeleri 70'li yılların sonuna rastlar.

Bir başka İngiliz, fizikçi **Richard Leach Maddox** 1871 yılında gümüş bromürlerini sıvılaştırılmış jelatinle karıştırarak, ışığa duyarlı yeni bir tür emisyon geliştirdi. Cam yüzeyine sürülen bu emisyon, kuruduktan sonra uzun süre saklanabiliyordu. Böylelikle fotoğrafçının, fotoğrafı camda pozlandırdıktan sonra, hemen banyo etmesi gerekmiyor; seyahatinin sonuna kadar, yanında taşıdığı cam negatifleri saklaması mümkün oluyordu.

Orta Asya içindeki genişlemesini özenle gözlerden uzak ve sessizce gerçekleştiren Rusya'nın, kazandığı en kanlı zafer **Göktepe**'de oldu. Hiva Hanlığı'nın Rusya'ya bağlanmasından sonra, sıra Karakum çölünde yaşayan Türkmen aşiretlerine ve geçmişin intikamlarının alınmasına gelmişti. Yıllardır İpek Yolu'ndaki kervanları basarak esir ticareti ile yaşama yolunu seçen ve Türkmen boyları içinde en güçlüsü olan Teke Aşireti'nin kale kent yerleşimi Göktepe, Hazar demiryolunun üzerinde bir çıban başı gibi kalmıştı. Saldırının gerisinde yatan bir başka neden, geçmişte Göktepe'de ve diğer Türkmen aşiretleri karşısında alınan Rus yenilgilerinin bıraktığı aşağılanmışlık duygusuydu. Kafkasya'dan getirtilen Rus birliklerinin ve Don Kazakları'nın başında bulunan **General Mikhail Dimitrieviç Skobolev** kimseyi sağ bırakmama emri alarak Akal Vahası'ndaki Göktepe'ye saldırdı. Günlerce, zaman zaman göğüs göğüse süren kanlı çarpışmalar sonucunda; kadın, ihtiyar, çocuk ayırımı yapılmaksızın Göktepe'de tüm canlılar katledildi. General Kaufmann ise kazandığı zaferlerden sonra Orta Asya'nın fatihi olarak ve halk arasında "yarı padişah" şeklinde anılarak; uzun yıllar Avrupa'nın yarısı kadar bir bölgeyi kaplayan Türkistan'ın mutlak genel valisi olarak kaldı.

Orta Asya'daki bu üç hanlığın kuzeyinde bulunan **Kazak Birliği**, yine bir Mogol - Türk boyu olan Kalmuklar'ın sürekli saldırılarına karşı, Rusya'nın yardım ve himayesini istemek zorunda kaldı. Kazak Birliği; **Ulu Yüz**, **Orta Yüz** ve **Kiçi (Küçük) Yüz** olarak bilinirdi. 1731'de Kiçi Yüz, 1740'ta Orta Yüz, 1742'de de Ulu Yüz Rusya'nın himayesine girdi. Böylece Kazak Birliği çözülmüş oldu. 1781'de Ablay Han, Rus ve Çin baskılarına karşı koyduysa da; 1822'de Orta Yüz'ün, 1824'te Kiçi Yüz'ün, 1848'de ise Ulu Yüz'ün varlığına Rusya tarafından son verildi.

Bir zamanlar, Orta Asya'da bunlar olup biterken, Amerika'da 1884'te **George Eastman** fotoğrafın gelişmesinde önemli bir icat olan bükülen selülozik filmi buldu. Bugün kullandığımız filmlerin öncüsü olan bu icat, fotoğrafta bir başka önemli aşama olmuştur.

"Bir Zamanlar Orta Asya" sergisi ve bu kitaptaki fotoğraflar, İngilizlerin "büyük oyun"u kaybederek Orta Asya'nın hakimiyetini Çarlık Rusya'sına bıraktıkları dönemin aynasıdır. O yıllarda, Orta Asya'da Fransız fotoğrafçılar **Paul Nadar** ve **M. Hordet** gibi birkaç kişinin dışında hiç kimse; o günün ağır şartlarını göze alarak aylarca sürebilecek, can ve mal güvenliginin olmadığı seyahatler yapmak istememiştir. Ancak daha önemlisi General Kaufmann'ın Hiva seferine başlarken uygulamaya başlattığı bölgeye yabancıların girmesi yasağının belli aralıklar dışında, neredeyse Sovyetler Birliği'nin dağılmasına kadar devam etmesidir. Yasağı zaman zaman delebilen bir kaç diplomat ve yazardan en ilgi çekicisi kuşkusuz Amerikalı gazeteci New York Herald'ın muhabiri **I. A. Mac Gahan** olmuştur. General Kaufmann'ın ordusunu günlerce Karakum çölünde gizlice takip eden Mac Gahan, sonunda General Kaufmann'ın karşısına çıkarılmıştır. Gazetecinin cüreti ve çölde günlerce kaybolmadan yol alması generali çok etkilemiş olacak ki, general Amerikalının, ordusu ile beraber Hiva'ya gelmesine izin vermiştir. Mac Gahan Hiva'nın işgalini gören tek Batılı olmuştur.

Sonuçta amaçları ne olursa olsun, Rus fotoğrafçılarının Orta Asya'da daha avantajlı oldukları kesindir. Özellikle, o bölgenin Çarlık Rusyası'nın arka bahçesi olduğu düşünülürse. Bütün bunların sonucunda Orta Asya ile ilgili arşivler her zaman Rusya'da daha zengin olmuştur.

Sergide ve bu kitapta görülen fotoğrafların hemen hemen hepsi 1851 yılında **Scott Archer**'ın geliştirdiği, cam üstüne ıslak metodla elde edilen fotoğraflardır. Sergide fotoğrafları yer alan Rus fotoğrafçılardan sonra gelen kuşaklar da Orta Asya'da İngiliz fizikçi Maddox'un geliştirdiği metodla, cam üstüne fotoğraf çekmeyi 1938 yılına kadar sürdürmüşlerdir.

Bu kitapta yer alan fotoğraflar:
a. Emperyal Çarlık koleksiyonundan
b. Arkeolojik amaçlarla çekilen fotoğraflardan oluşan arşivlerden
c. Askeri amaçla oluşturulan fotoğraf arşivlerinden
d. Kişilerin merak veya ticari amaçlarla çektikleri fotoğraflardan oluşan özel arşivlerden günümüze erişenlerdir.

Fotoğrafların 1858 yılında çekilenleri; Orta Asya'ya ilk giden **Albay İgnatieff**'in Çarlık Rusyası misyonundan, Topçu Astegmen **Stepanoviç Murenko** tarafından cekilmiştir. Hiva Hanı ile bir ticaret antlaşması imzalamak istayen Albay İgnatieff'den sonra bölgeye gelen General von Kaufmann, mahiyetinde bulunan amatör fotoğrafçı Astegmen **Grigori Krivtsov**'a *"Hiva Hanlığı, İnsanlar ve Görüntüler"* adlı bir albüm hazırlatmıştır. Ancak yörede en etkin çalışan, Taskentli fotoğrafçı I. **Voljinski** olmuş, çektiği fotoğraflar bugün kitabımızın sayfalarına kadar gelmiştir.

Yüz yıl arayla, birbirinin fotoğraflarından habersiz iki fotoğraf sanatçısının aynı paralelde seyreden bakışlarla çektiği fotoğrafların yan yana sergilenmesinin ilginç olacağını düşünerek; yüz yıl önceki yerlerin bugünkü durumlarını da göstermek amacıyla, sergiye ve dolayısıyla kitabımıza, benim çektigim yeni fotoğrafları da kattık.

Daha çok 19. yüzyıla ait fotoğrafların yer aldığı elinizdeki bu kitap, Türkiye'nin ve Orta Asya'nın çeşitli illerinde açılan ve hala süren **Bir Zamanlar Orta Asya** sergisinin bir uzantısıdır. Sergi, "**Türkçe Konuşanlar**" projesinin etkinliklerinden biridir. "Türkçe Konuşanlar" projesi, tarih boyunca çok geniş bir cografyaya yayılan Türk kökenli halkların, göçer yaşamdan yerleşik düzene geçiş sürecindeki kültürlerini ve yayıldıkları bölgelerdeki siyasal önemlerini yansıtmayı amaçlayan bir çalışmadır.

Ergun Çagatay
İstanbul 1996

Preface

Today we know them as Turkmenistan, Uzbekistan and Kirghizistan, but on January 6, 1939, when our story begins, the Central Asian territories to the south and west of the old Turkestan were still **the khanates of Khiva, Bukhara and Khokand**. They were unlikely to have been shaken by the announcement in the Gazette de France that day that **Louis Daguerre** and his partner **Nicephore Niepce** had invented a dazzling new technique called photography.

A year after presenting his discovery to the newspaper public, Daquerre published a booklet entitled *"Historique et description du procédé de Daguerrotype and du Diarama"* (History and description - process of daguerrotype and diorama). It was translated into many languages and caused a sensation in Japan, the United States, Imperial Russia and every other country where it appeared. Photography soon became a universally recognized science.

It was the English scientist **William Henry Fox Talbot** who found a way of making paper light sensitive. The process, which he called Calotype, involved dipping sheets of paper into salt water and then spreading silver nitrate over the surface. Because it allowed for serial sequence, Calotype made the business of taking pictures much easier. It was particularly useful for archaeologists working in the field.

The next big advance came in the 1870s, when an English immigrant named **Edward Muybridge** used the unlikely sponsorship of a horse racing enthusiast who was then the governor of California to find a way of freezing motion. By installing an aperture in his camera lens, he became the first man to reduce action to a still photograph. His first important achievement was a racing photograph of Occident, his patron's most valuable horse.

He soon moved on to greater things: the world of politics was changing even more rapidly than the world of photography. Muybridge's next job was to take photographs of Alaska for the US government. The territory was its newest acquisition. Czarist Russia had sold it to the United States to save it from the British Empire, over which the sun then never set. The Russian plan was to compensate for this loss by securing new territories in Central Asia. This put them at odds yet again with the British, who had ambitions for a foothold in Central Asia. The area was of strategic importance to them because of its proximity to India. Russia decided to get there first. With this in mind, she dispatched **General Konstantin Kaufmann** to conquer Central Asia.

The first city in the area to come under Russian rule was Tashkent (1865). The khanates of Khokand and Bukhara had been fighting over it for years. After changing hands a number of times, the city had been captured by the khanate of Khokand after a particularly fierce battle. Only nine months later, it was attacked by **General Mikhail Cherniaev** and a force of two thousand men. General Kaufmann was meant to be planning a campaign against the khanate of Khiva and General Mikhail Cherniaev seems not to have bothered to get permisson from his superiors or from St.Petersburg before proceeding. Although Tashkent defended itself with distinction, its military resources lagged a century behind those of its adversary. Eventually its religious leaders agreed to stop the bloodshed and surrender before the Russian cannons reduced the city to rubble.

Once Tashkent became part of the Russian Empire, Central Asia entered a new era. Now that General Kaufmann had a Russian base in the middle of Turkestan, he turned his attention to Samarkand and the khanate of Bukhara. Once he had secured these in 1868, he moved on to conquer the khanate of Khiva, a slave trading centre, in 1873. He gained control of the khanate of Khokand in 1876. All the khanates remained inside the Russian Empire until they were granted semi-autonomous status within the Soviet Union some seventy years later.

In the West, meantime, another Englishman, the physicist **Richard Leach Maddox**, combined silver bromide with liquified gelatin and created a light-sensitive emulsion. Spread and dried on the surface of a piece of glass, the new emulsion could be stored for a long time. This released the photographers from the necessity of developing a glass negative immediately after capturing a shot and allowed negatives to be stored until the journey was completed.

For the time being Russia was still safe from enquiring eyes. She had been careful to conduct her expansionist operations in such a way as to avoid international controversy. Her bloodiest victory would be the conquest of **Göktepe**. Once she had subjugated the Khivan khanate, she went about settling accounts with the Turkoman tribes living in the Karakum desert. For years, the Turkoman tribes had been active in the slave trade, and had specialised in raiding caravans on the Silk Route. The most powerful of these clans was the Teke branch, which was based in the fortress of Göktepe. This particular tribe was a constant threat to the Russians, as well as being an unhappy reminder of a defeat they had suffered here in the presence of all Turkoman tribes. When Russian detachments were transferred from the Caucasus to the Akal oasis and prepared to attack the site of their earlier humiliation, the commander of the Cossacks on the Don, **General Mikhail Dimitrievich Skobolev**, ordered them to spare no one. After days of close range fighting and even hand-to-hand combat, not a single man, woman or child in Göktepe remained alive.

After gaining Göktepe, General Kaufmann was known as the conqueror of Central Asia and became, in the public eye at least, a guest potentate. For many years, he was Governor Extra Ordinary of Turkestan, a region half the size of Europe.

The territory included **the Kazakh confederation** to the north of the three Central Asian khanates. Worn down by the constant attacks by a Mongol-Turkic tribe known as the Kalmuks, **the Kichi Yuz** had been forced to ask for Russian protection in 1731. **The Orta Yuz** did the same in 1740, and **the Ulu Yuz** in 1742. Although Ablay Khan successfully resisted both Russian and Chinese forces in 1781, Russia had taken over the Orta Yuz in 1822. The Kichi Yuz lost their independence in 1824 and the Ulu Yuz in 1848.

While Kaufmann was busy consolidating his power in Central Asia, there was another great advance in photography in the United States. In 1884, **George Eastman** invented film that could be wound on a spool. It was the prototype of the film we use today and it opened up vast new possibilities for the pioneering photographer.

The exhibition "Once Upon a Time in Central Asia" and the photographs in this book give us a rare opportunity to return to that point in history when the British began to lose the Great Game and resigned the rule of Central Asia to Czarist Russia. The French photographer **Paul Nadar**, and later, another Frenchman, **M. Hordet**, were among the few men to dare to undertake the journey to Central Asia, which was long, arduous and extremely dangerous. It did not help that General Kaufmann had imposed a sanction against the admission of foreigners to the region. This sanction, which he imposed at the outset of his Khivan campaign, remained in force until the dissolution of the Soviet Union. Of the diplomats and writers who violated the prohibition from time to time, the most interesting was undoubtedly the reporter for the New York Herald, **I.A. MacGahan**. MacGahan had been secretly trailing General Kaufmann's army in the Karakum Desert for days when he was captured and brought before General Kaufmann, and it seems that the General was impressed by the courage and skill the journalist had shown in managing to find his way on his own, because he gave permission for the American to enter Khiva with his army. MacGahan became the only Westerner to witness the occupation of Khiva.

Photographers outside of Russia could never compete with their Russian colleagues no matter what their motives happened to be. It is not surprising that they enjoyed the greatest freedom of movement in Central Asia: after all, the territory was Czarist Russia's great back yard. Inevitably, the Russian photographic archives of Central Asia are the richest we have.

In any event, most of the photographs featured in the exhibition and the book come from glass negatives developed in water, a technique developed by **Scott Archer** in 1851. The rest, which were taken by the next generation of Russian photographers, also come from glass negatives, but the method used was the one developed by the English physicist Maddox.

The photographs in this book come from:
a) the Russian Imperial Collection
b) archaeological photographic archives
c) military archives of photographs taken for military purposes, and
d) private archives collected out of personal interest or for commercial gain.

The photographs taken in 1858 belong to cannoneer Sub-lieutenant **Stepanovich Murenko**, who was a member of the Imperial Russian mission to make a commercial agreement with the Khivan khanate. It was led by **Colonel Ignatieff**, the first Russian officer to enter Central Asia. When General Kaufmann followed in his footsteps some years later, he had in his retinue the amateur photographer Sub-lieutenant **Grigori**

Krivtsov, whom he commissioned to prepare the album entitled *"Khivan Khanate: Its People and Perspectives"*. The most active photographer working in the area was undoubtedly **I. Volshinsky** of Tashkent. Some of his photographs appear in our book.

Noticing that some of my own photographs coincidentally shared a similar focal point, I have included some of these along side those taken a century earlier, thus adding a further dimension.

This album of photographs largely from the nineteenth century is an extension of the exhibition **"Once Upon A Time in Central Asia,"** which is still being held in various parts of Turkey and Central Asia. The exhibition represents one segment of the project, **"Turkish Speaking Peoples."** "Turkic Speakers" is a venture aimed at presenting an overview of the cultures of the peoples of Turkic origin, as they made the transition from a migratory to a sedentary way of life, and their political significance in the regions where they settled.

    Ergun Çagatay
    İstanbul, 1996

Предисловие

В то время, когда историческое сообщение о замечательном открытии в фотографии, сделанном **Льуизом Дагерром** и его партнером **Нисфором Нипсом**, было помещено Газетте де Франсе 6 января 1839 года, в Средней Азии, на юге и западе территории, именуемой тогда Туркестан, уже существовали **Хивинское, Кокандское и Бухаринское ханства**, т.е. те земли, которые сейчас известны как Туркменистан, Узбекистан и Киргизия.

Год спустя после газетной статьи, Дагерр опубликовал брошюру под названием *"Историческое описание метода дагерротипа и диорамы"*, познакомившую общественность со своим открытием. Работа вызвала большой интерес во всех странах, где появился ее перевод: особенно в Японии, США и Российской империи. Таким образом фотография стала достоянием мира науки.

В то же время английский ученый **Вильям Генри Фокс Тальбот** преуспел в превращении в светочувствительность бумаги, предварительно погруженной в раствор морской соли, покрыв ее поверхность нитратом серебра. С помощью этого новшества, получившего название калотипия, процесс фотографирования был значительно упрощен. Поскольку эта система облегчала работу в полевых условиях, она стала особенно популярна среди археологов.

Следующее важное достижение в области фотографии было сделано в 1870-е годы. Переселившись из Англии в США, **Эдвард Майбридж** нашел способ как "схватить" движение в действии, т.е. фотографически "заморозить" его. Благодаря финансовой поддержке губернатора Калифорнии, который увлекался лошадиными бегами, Майбриджу удалось продолжить свою исследовательскую работу. Установив апертуру на объективы фотоаппарата, он впервые смог "остановить" движение на фотографии. Решающим для развития фотографии стал момент, когда апертура позволила Майбриджу "заморозить" бег Окксидента, самой дорогой лошади губернатора.

Одновременно с развитием фотографии, на политической арене происходили другие, не менее важные события. В качестве представителя правительства США Майбриджа отправили на съемки на Аляску, недавно приобретенную у царской России. Эта трудно управляемая территория была продана США под страхом ее возможного захвата английской империей. Чтобы компенсировать эту потерю, Россия планировала закрепить свои завоевания в Средней Азии. В течение долгого времени Англия боролась за владение Средней Азией, которая по своему географическому положению могла бы стать решающим фактором для безопастности Индии. Со своей стороны Россия решила положить конец своим прошлым неудачам в этой борьбе, возложив на немецкого **генерала Константина Кауфмана** задачу завоевания Средней Азии.

Ташкент оказался первым городом в Средней Азии, где было установлено российское правление (1865). Ташкент был центром отразившей борьбы Кокандского и Бухарского ханств. Город несколько раз переходил из рук в руки и, наконец после жестокой битвы, был захвачен Кокандским ханством. Не прошло и девяти месяцев, как в ходе подготовки кампании против Хивинского ханства генералом Кауфманом, **генерал Михаил Черняев**, не дожидаясь согласия своих начальников из Санкт-Петербурга, направил на Ташкент войска в количестве 2000 человек. Хотя Ташкент проявлял стойкое сопротивление, его военные ресурсы, тактика и техническое оснащение отставали от военных сил России на сто лет. Авторитетные люди города приняли решение сдачи, чтобы город не разрушился под российским артиллерийским огнем, и чтобы больше не пролилась кровь в трудном положении, выхода которого нет.

После присоединения Ташкента к Российской империи для Средней Азии началась новая эра. Россия получила важный опорный пункт в центре Туркестана, и следующей целью генерала Кауфмана были Бухарское ханство и Самарканд (1868). Центр работорговли, Хивинское ханство, было подчинено в 1873 году, а Кокандское ханство приняло российское господство в 1876 году. Они получили полуавтономный статус в составе Российского государства примерно на конце семидесятых лет.

Тем временем, другой англичанин, физик **Ричард Лич Мэддокс**, соединил бромид серебра с жидким желатином и создал новую светочувствительную эмульсию. После нанесения ее на поверхность стеклянной пластинки и высыхания, она могла долго сохранять свои свойства. Это означала, что фотографы были избавлены от необходимости проявлять негатив немедленно после съемки. Теперь негативы могли храниться до конца экспедиции.

Россия, которая осторожно проводила политику экспансии в Средней Азии, вдали от любопытствующих наблюдателей без фанфар, одержала свою самую жестокую победу у **Гёктепе**. После покорения Хивинского ханства, Россия уже могла посчитаться и с туркменскими племенами, жившими в пустыне Каракум. Многие годы туркменские кланы активно вели работорговлю, нападая на караваны, шедшие по Шелковому Пути. Наиболее сильными из них были кланы текинской ветви, проживавшие в городе-крепости Гёктепе. Его расположение по линии Каспийской железной дороги было постоянной угрозой и больным местом. В прошлом русские потерпели унизительное поражение при Гёктепе и в присутствии других туркменских племен. Получив приказание никого не оставлять в живых, **генерал Михаил Дмитриевич Скоболев** со своими русскими соединениями и донскими казаками, переброшенными с Кавказа, напал на Гёктепе в Акальском оазисе. После многодневных ближних боев и даже рукопашных схваток, все, включая женщин, детей и стариков, были убиты. Сам генерал Кауфман после своей победы, был признан завосвателем Средней Азии и стал известен среди народа как "половина султана"; в течение многих лет он занимал пост генерал-губернатора с чрезвычайными полномочиями в Туркестане - регионе, равном половине Европы.

Подвергаясь постоянным нападением со стороны калмыков и монголо-татарских племен, **казахская конфедерация** к северу от трех среднеазиатских ханств, была поставлена перед необходимостью просить защиты и помощи у России. В Казахскую конфедерацию входили **Младший, Средний и Старший Джузы**, которые получили протекторат России соответственно в 1731, 1740 и 1742 годах. Таким образом казахская конфедерация распалась. Хотя Абылай Хан успешно оказывал сопротивление как российским, так и китайским войскам в 1781 году, Россия положила конец независимости Средного Джуза в 1822 году, Младшего Джуза в 1824 году и, наконец, Старшего Джуза - в 1848 году.

Одновременно с событиями в Средней Азии, в США, в 1884 году **Джорж Истман** сделал значительное усовершенствование - целлюлозную пленку, которая могла наматываться на катушку. Эта пленка - прототип той, которую мы используем сегодня, - была еще одним великим достижением в фотографии.

Выставка "Когда - то Средняя Азия" и фотографии, приведенные в этой книге, служат зеркалом той эпохи, когда Англия, проиграв в "великой игре", уступила правление в Средней Азии царской России. В то время, никто, за исключением французских фотографов **Поль Надара** и позднее **М. Хордета** в 1880-ых годах, не решился предпринять поездку в Среднюю Азию, которая была далека, труднодоступна и небезопасна. Однако еще более обескураживающим для смельчаков, решивших совершить такое путешествие, было распоряжение, сделанное генералом Кауфманом в начале хивинской компании, согласно которому иностранцам был запрещен въезд в регион. Оно сохранилось в силе почти до времени распада Советского Союза. Наиболее интересным среди немногих дипломатов и писателей, которые время от времени нарушали запрет, оказался И. А. **Макгахан**, американский журналист и репортер из "Нью-йорк Геральд". Макгахан, тайно сдедовавший за армией генерала Кауфмана по пескам пустыни Каракум, был наконец схвачен и доставлен к нему. Мужество и мастерство, с каким журналист действовал в одиночку, произвели большое впечатление на генерала, и он выдал американцу разрешение войти в Хиву вместе с войсками. Таким образом Макгахан оказался единственным западноевропейским свидетелем захвата Хивы.

В такой ситуатции у русских фотографов, независимо от их намерений было больше возможностей в Средней Азии, особенно, если принять во внимание, что этот регион был задним садом царской России. Соответственно и русские фотографические архивы, относящиеся к Средней Азии, были всегда богаче.

Почти все использованные на выставке фотографии были сделаны методом увлажнения стекляного негатива, разработанного **Скоттом Арчером** в 1851 году. Поколение русских фотографов, работавших после тех, чьи фотографии представлены на выставке, продолжало использовать негативы на стекле, следуя технологии, разработанной английским физиком Мэддоксом, до 1938 года.

> Источники фотографий, приведенных на выставке и в этой книге, включают:
> а. Русскую императорскую коллекцию;
> б. Фотографические архивы по археологии;
> в. Военные фотографические архивы; и
> г. Частные фотографические архивы, собранные для личных или коммерческих целей.

Фотографии, сделанные в 1858 году, принадлежали младшему лейтенанту артиллерии **Муренко,** члену Русской императорской миссии под началом полковника **Игнатьева**, который был первым русским, приехавшим в Среднюю Азию. Прибыв в регион после полковника Игнатьева, задачей которого было заключение торгового договора с Хивинским ханом, генерал Кауфман приказал фотографу-любителю, младшему лейтенанту **Григорию Кривцову**, подготовить альбом под названием: *"Хивинское ханство: люди и виды"*. Наиболее активным фотографом, работавшим в этом крае, был **И. Волжинский** из Ташкента. Некоторые из его работ представлены на страницах нашей книги.

Предполагая, что параллельное размещение фотографий, снятых двумя разными фотографами, незнакомыми фотографии друг друга в двух разных эпохах, по объединенных общей точкой зрения, могло бы быть интересным, мы добавили несколько моих фотографий, сделанных на сто лет позднее. Еще эти цветные фотоснимки показывают сегоднящнее положение тех мест.

Этот альбом фотографий, посвященный в большей степени снимкам из 19-ого века, является отражением выставки "**Когда-то Средняя Азия**", которая до сих пор проходит в некоторых городах Турции и Средней Азии. Выставка представляет собой один из разделов проекта "Говорящие на туркских языках". Проект "**Говорящие на туркских языках**" направлен на изучение культуры народов туркского происхождения, перехода от кочевой к оседлой жизни, их политической значимости в тех краях, где они расселились.

Эргун Чагатай
Стамбул, 1996

Yüz Yıl Uzunluğunda Bir Irmak

Ergun Çağatay birkaç yıldır, büyük bir enerji ve şevkle "Türkçe Konuşanlar" kitabının yayına hazırlanması, fotoğraflarının çekilmesi, fotoğraf sergisinin hazırlanarak çeşitli şehirlere götürülmesi gibi konularda aktif bir şekilde çalışıyor. Türk dillerini konuşan halkların yaşadığı yerlere araştırma gezileri düzenleyerek önemli bir olayı gerçekleştiren Ergun Çağatay; Azerbaycan, Rusya, Moldavya, Macaristan, Romanya, Litvanya ve İran'da çok sayıda fotoğraf çekti. Ancak projenin asıl alanı; içindeki beş devletten dördünün - Özbekistan, Kırgızistan, Kazakistan, Türkmenistan - Türk dillerini konuştuğu Orta Asya bölgesine yönelikti. Fotoğrafların çoğu burada çekildi.

1994 yılında Ergun'la birlikte, ünlü bilim adamı ve sanat tarihçisi profesör L. I. Rempel'in 1930-1940 yıllarında çektiği, Buhara'da müzede korunan eşsiz fotoğraf negatiflerini ortaya çıkardık. Negatiflerin zamanla daha da bozulacağını söyleyen Ergun, kopyalarını almayı teklif etti. Negatifler, Buhara ve Semerkant anıtlarının ve şehir sakinlerinin görüntülerinden oluşuyordu. Bu keşif bize yeni bir sayfa açmış; Orta Asya halklarının yaşam şeklini ve kültürünü gösterme açısından yeni bir bakış açısı vermişti. Geçen yüzyılın fotoğraf ustalarının eserlerini kullanarak 19. yy. Orta Asya tarihini yansıtmak fikri, Ergun'u cezbetti. Bu amaçla Moskova ve St. Petersburg arşivlerinde bulunan değerli negatiflerin de kopyası alındı.

Sergi, ilk olarak, 1996 yılı Şubat ayında İstanbul'da açıldı. Sonra Asya'nın merkezinde "yolculuğa" çıktı. 8 Mayıs 1996'da da Taşkent'te sergilendi ve büyük başarı kazandı. Özbekistan'ın en prestijli galerilerinden biri olan Ressamlar Birliği sergi salonunda ziyaretçi hiç bu kadar çok olmamıştı.

Peki nedir bu serginin özelliği?.. Her şeyden önce, fikir olarak çok özgün: bölgede yaşayan halkların geçen yüzyıldaki yaşam şeklini göstermek, o dönemin ruhunu yansıtmak; hem de bunu profesyonel ve sanatsal bir bakış açısıyla yapmak, ilk kez gerçekleşen bir olay. Fotoğrafların keskin tarihi yapısına ve belgeselliğine rağmen; ince bir şekilde kurgulanmış dramatikliği sayesinde sergi, seyirciye şaşırtıcı bir şekilde şiirsel; aynı zamanda eğlenceli bir temsil sunuyor. Bu temsilin baş rol oyuncusu ise "Zaman"dır. Uzak tiplemelerle gözler önüne serilen; bununla birlikte yaşam şekli olarak bize, insanlarımıza yakın bir zaman.

O zamanın fotoğraflarından, hiç değişmeden kalan ve zamanın etkisiyle değişen her şey apaçık görülmektedir. Örneğin; ziynet eşyalarının fonksiyonu, canlı ve renkli içeriği, halk giysilerinin stili zamanla değişikliğe uğrarken; Orta Asya geleneksel estetik anlayışının özgünlüğü, tarzın farklı ve eşsiz güzelliği değişmemiştir. İşte bu yüzden, sergideki fotoğraflar bilimsel ve öğretici yanıyla da dikkat çekiyor.

Buhara, Hiva ve Semerkant sakinlerinin portreleri, sadece orijinal tiplemeler olmakla kalmıyor; o devrin takılarının, giysilerinin ve mesken içlerinin karakteri hakkında fikir yürütme şansını da veriyor. Bu portre galerisinde geniş bir sosyal tayfla karşılaşıyoruz: toplumun yoksul kesiminden insanları tutun da; askerlere, saray hanlarına ve beylerine kadar geniş bir spektrum. Bu bakımdan özellikle 19. yy. sonunda I. Voljinski tarafından çekilen Hiva serisi oldukça ilginç.

Özellikle Semerkant, Buhara, Hiva'nın mimari anıtlarını gösteren fotoğraflar, ki bunlardan bir çoğu bugün ya yoktur ya da ilk şeklini kaybetmiştir, son derece ilginç bir görüntü sunmaktadır. Burada Semerkant'taki harika eserleri bizlere gösteren, İ. Vvedenski'nin mükemmel fotoğraflarından söz etmek gerek. Öyle ki Gur Emir Türbesi, Şir Dar ve Bibi Hanım medreseleri gibi eserler, sadece tarihi ve etnografik açıdan değil; günümüz araştırmacıları, mimarları, restorasyoncuları için de, bilimsel ve pratik bir önem taşımaktadırlar.

Güney Sibirya ve Urallar gibi Orta Asya'ya ait olmayan bölgelerdeki Türk kökenli halkların yaşam tarzını yansıtan fotoğraflar, sergide eğreti durmuyorlar. Bu fotoğraflarda özgün ve tarihi bir dinamizm var. Geçmişte tek bir aile olan bütün Türk halkları, yerleşim yerlerine bağlı olarak; bölgesel, lokal ve milli olmak üzere farklı özellikler kazanıyor. Bu durum; diğer halklarla etkileşim ve karmaşık dış ilişkiler temelinde formüle olmuş bu halkların, kültürel geleneklerinin oldukça kendine özgü olmasında etkili oluyor.

Ergun Çağatay, elinde Bölgeyle ilgili 100 binden çok slayt bulunmasına ve sergiyi düzenleyen kişi olmasına rağmen, bunları kötüye kullanmıyor. Eski fotoğrafların tarihi önemini anlayan biri olarak sadece birkaç anlatımı güçlü renkli fotoğrafıyla bölgenin bugünkü durumunu göstermeyi deniyor.

Bünyesinde gerçek şaheserler bulunduran "Bir Zamanlar Orta Asya" sergisi, fotoğraf sanatının en iyi örnekleri arasına girmiştir. Uzak geçmişten gelerek bugünkü neslin kafasında canlandı. Gündelik işlerin koşuşturması içinde gözden kaçırdığımız manevi değerlerin önemini anlamamıza yardım etti. Bize tarihin aynasından kendimizi öğrenme mutluluğunu armağan eden sergi için, yorulmak bilmeyen Ergun Çağatay'a çok fazla müteşekkiriz.

Prof. A. A. HAKİMOV
Plastik Sanatlar Doktoru
Hamza Plastik Sanatlar Eğitimi
ve Bilimsel Araştırma Enstitüsü

A Stream A Hundred Years Long

For the past few years and with great energy and enthusiasm, Ergun Çagatay has been actively involved in a variety of enterprises, such as putting together a photographic exhibition, which has been held in a number of cities, making photographic field trips and spearheading the organization of the book, *Turkic Speakers* [in press]. His noteworthy field research in geographic areas inhabited by Turkic speakers has taken him to widely separated sites, such as Azerbaijan, Russia, Moldavia, Hungary, Rumania, Lithuania and Iran. But, the essential area for the project is confined to the Central Asian region, where the native language of four of the five political entities is of Turkic origin. Most of the photographs were taken in this area.

In 1994, Ergun and I discovered in the museum at Bukhara some very old and unique photographic negatives, which the renowned scientist and art history professor, L.I. Rempel, had taken in the years 1930-40. Pointing out that the negatives would deteriorate further with the passage of time, Ergun proposed making copies of them. The negatives contained views of the monuments of Bukhara and Samarkand and their residents. Our discovery opened the window on a new vista. The prospect of being able to employ the works of master photographers of the past century to portray the history of nineteenth-century Central Asia appealed to Ergun. In keeping with this objective, copies were also made of precious negatives found in the archives of Moscow and St. Petersburg.

The exhibition, "Once Upon A Time in Central Asia" was first opened in Istanbul in February 1996. Afterwards, it began a tour of Asian capitals. On May 8, 1996, it was opened in Tashkent and greeted with intense interest. The exhibition hall of the Artists' Union, one of the most prestigious in Uzbekistan, had never enjoyed such a high attendance.

What, then, is the special attraction of this exhibition? First of all, its intent is wholly original: To show the way of life of the people who lived in the region during the last century and reflect the atmosphere of that period. Moreover, it is the first time such an event has been conceived within a professional and artistic perspective. Thanks to the finely tuned dramatic power of the exhibition, the photographs–despite their evident historical content and documentary character–assume a poetic quality that astonishes the viewer. It is, simultaneously, a fascinating performance. And the leading player in this performance is "Time." Time enters stage left, cast in the guises of but remotely familiar types; and time also moves forward, stage front, allowing us to recognize ourselves and our own way of life.

The early photographs very clearly disclose that which has remained unaltered and that which through the working of time has undergone a total transformation. For example, the function and the animated and colorful content of ornamental objects and the style of ordinary costume have changed. Yet, the originality of the Central Asian traditional aesthetic sense and the unique and distinctive beauty of the style remains unchanged. Hence, the photographs in the exhibition also exert an attraction through their scientific and educational aspects.

The portraits of the inhabitants of Bukhara, Khiva and Samarkand represent not simply unique types, but also provide an opportunity to shape ideas about the character of the ornaments, costumes and dwellings of that period. Strolling through this portrait gallery, we may encounter a broad social spectrum: From those in straitened circumstances to members of the military services and the Court to overlords and the khans themselves. In this respect, the Khivan series shot by I. Voljitski at the end of the nineteenth century is particularly interesting.

The photographs displaying the structural monuments of Samarkand, Bukhara and Khiva-many of which works are either no longer extant or have lost their original form-offer us views of extraordinary moment. In this connection, mention must be made of the flawless photographs by I. Vvedenski of the splendid architectural works of Samarkand. When we come to works like the Gûr Emir mausoleum and the Shir Dar and Bibi Khanum madrasahs, such photographic records represent not merely historical and ethnographical witnesses, but also bear a scientific and practical value for today's scholars, architects and restorers.

The photographs capturing the life styles of peoples of Turkic origin who dwell in regions outside Central Asia, like South Siberia and the Urals, are not out of place in the exhibition. An incomparable historical dynamism exists in these photographs. For the Turkic peoples, who at one time comprised a single family bound to their places of habitation, have acquired varied local, regional and national characteristics. This has been a critical factor in the quite distinctive cultural traditions of these peoples, who became intrinsically differentiated in the course of interaction with other peoples and complex foreign relations.

Ergûn Çagatay the possessor of more than one hundred thousand slides related to the region and the person responsible for organizing the exhibition, nonetheless takes no advantage of his position. As one who understands the historical importance of the early photographs, he attempts to encapsulate the region today in but a few colored photographs whose expression is powerful.

The exhibition, "Once Upon A Time in Central Asia," which contains some true masterpieces, takes its place among the finest representatives of the art of photography. Emerging from the distant past, it has served to refresh the memory of today's generation. It has assisted us in comprehending the importance of values we may have overlooked in attending to the mundane tasks of everyday life. We are extremely grateful to the tireless Ergun Çagatay for the exhibition, which presents us with the joy of learning the meaning of the law of history.

Prof. A.A. Hakimov
Ph. D., Plastic Arts
Hamza Plastic Arts Education and Scientific Research Institute

РЕКА ВРЕМЕНИ ДЛИНОЮ В ВЕК

Благодаря энтузиазму и энергии Эргуна Чагатая на протяжении нескольких лет идет активная работа по изданию книги, созданию фотоснимков и организации фотовыставок. Им был осуществлен ряд значительных акций - организованы экспедиции в различные регионы и страны, где проживают тюркоязычные народы. В результате был собран обильный фотоматериал в Азербайджане, России, Молдавии, Венгрии, Румынии, Литве, Иране. Но особый интерес был проявлен к центральноазиатскому региону, где из пяти государств четыре являются тюркоязычными - это Узбекистан, Киргизия, Казахстан и Туркмения, которому посвящена основная часть фотоматериалов.

В 1994 году мы вместе с Эргуном обнаружили уникальные фотонегативы, сделанные известным ученым, историком искусств, профессором Л. И. Ремпелем еще в 1930-40 годы и хранившиеся в одном из музеев Бухары. Эргун предложил сделать копии этих негативов, чтобы спасти их от разрушения. Негативы сохранили изображения памятников Бухары и Самарканда, а также жителей этих городов. Это событие открыло для нас новый ракурс, новый взгляд на возможность показать культуру и быт народов Средней Азии. Эргун загорелся идеей отразить историю региона на протяжении последних ста лет, используя съемки фотомастеров прошлого века. С этой целью была произведена пересъемка редких фотонегативов из архивов в Москве и Санкт-Петербурге.

В феврале 1996 выставка открылась в Стамбуле, и потом началось ее "путешествие" по Центральной Азии. Выставке в Ташкенте, открывшаяся 8 мая 1996 года, имела огромный успех. Она была организована в одной из самых престижных галерей Узбекистана - Центральном выставочном зале Союза Художников и зрителей на выставке было как никогда много.

В чем же особенность этой выставки? Прежде всего она уникальна по самой идее - впервые сделана попытка на высоком профессиональном и художественном уровне показать дух и атмосферу жизни народов региона в прошлом столетии. Несмотря на документальный, строго исторический характер фотоматериалов, благодаря тонкой и продуманной "драматургии и режиссуре" автору выставки удалось представить зрителю удивительно поэтичный и в то же время увлекательный спектакль. В нем главное действующее лицо - Время, раскрывающееся в образах далеких и тем не менее близких нам людей в атмосфере их жизни и быта.

В фотографиях того времени четко вырисовывается все то, что изменяется во времени, например, функция и образное содержание ювелирных украшений, стиль народной одежды и то, что остается неизменным во все времена. Это особая, неповторимая красота форм и своеобразие среднеазиатской традиционной эстетики. Таким образом, фотоматериалы выставки представляют безусловный научный и познавательный интерес.

Портреты жителей Бухары, Хивы, Самарканда привлекают к себе не только самобытностью типажей, но и позволяют судить о характере одежды, украшения и интерьера жилищ того времени. В этой же галерее портретов мы обнаруживаем широкий социальный спектр - от представителей низших слоев общества до военной и дворцовой элиты. В этом отношении особо интересна хивинская серия фотоснимком И. Вольжинского, относящаяся к концу 19-го века.

Особый интерес вызывают фотографии, на которых запечатлены выдающиеся памятники архитектуры Самарканда, Бухары и Хивы, многие из которых или не сохранились до наших дней или утратили свой первоначальный облик. В этой связи следует упомянуть прекрасные фотографии И. Введенского, запечатлевшие такие памятники зодчества Самарканда как мавзолей Гур Амир, медресе Шердор, Биби Ханым и другие, которые представляют не только историко - этнографический интерес, но и имеют научно-практическое значение для современных исследователей и архитекторов-реставраторов.

Фотографии, отражающие быт и уклад жизни тюркоязычных народов других регионов - Южной Сибири и Урала - не выглядят на выставке чужеродным элементом. В этих снимках прослеживается своеобразная историческая динамика: единая в далеком прошлом семья тюркских народов, в зависимости от мест расселения, приобретает различные региональные, локальные и национальные особенности. Это определяет своеобразие проявления культурных традиций тюркоязычных народов, во многом сформировавшихся на основе сложившихся внешних связей и взаимодействия с другими народами.

Эргун Чагатай тактичен- несмотря на более чем сто тысяч имеющихся у него прекрасных слайдов, связанных с регионом, он не злоупотребляет своим авторским участием на выставке. Понимая историческую значимость старых снимков, он лишь несколькими своими выразительными фотографиями сделанными в цвете пытается сегодняшний день региона.

Выставка вобрала в себя истинные шедевры и стала своеобразным созвездием блистательных образцов фотоискусства. Она возродила в памяти современного поколения страницы недалекого прошлого и тем самым помогла нам осознать значение духовных ценностей, которые мы в суете повседневных дел просто упускаем из виду. Выставка подарила радость узнавания нас самих себя в зеркале истории и за это хочется выразить огромную благодарность Эргуну Чагатаю.

А.А. Хакимов
профессор, доктор искусствоведения
искусствознания имени Хамзы Министерство по делам культуры Республики Узбекистан.

HİVA, BUHARA, KOKAND

19.yy.'da Orta Asya'da bugünkü Türkmenistan topraklarının yarısını, Özbekistan'ın tamamını, Kırgızistan'ın hemen hemen tümünü ve Kazakistan'ın güney kısmını içine alan bölgede Hiva, Buhara ve Kokand hanlıkları bulunmaktaydı.

Bugün varlıklarını kent olarak sürdüren bu hanlıklardan günümüze en iyi korunmuş olarak ulaşanı Hiva'dır. Kokand'ın ihtişamlı geçmişinden geriye hemen hemen hiç bir şey kalmamıştır. Kent olma niteliğini dahi yitirmiş olan Kokand, bugün Özbekistan haritalarında ilçe olarak gösterilmektedir. Sovyet Devrimi arifesinde ve sonraki yıllarda o güne dek ayakta kalabilen bütün tarihi binalar yakılıp yıkılmıştır. Hiva ise gerek çölün kenarında olmasının yarattığı sakin jeopolitik konumundan, gerek hanın kenti kuşatan Rus orduları karşısında kendi askeri gücünün zayıflığını görerek hemen teslim olmasından dolayı daha az harap olmuş, mimari açıdan da nispeten korunmuştur.

İpek Yolu'nun bu üç kenti arasında Buhara'nın yerini ayrı tutmak gerekir. Orta Asya'nın en eski kentlerinden biri olan Buhara'nın ismine M.S. 5. yy.'da Çin kayıtlarında rastlanır. Orta Asya'da İslam'ın en kutsal kenti olarak anılan Buhara'da, bir zamanlar 250'ye yakın medrese oldugu söylenir; ancak günümüze sadece Miri Arab Medresesi ve diğer birkaçı ulaşabilmiştir. El sanatları ile ünlenen kentle ilgili şöyle tarihi bir rivayet vardır: Buhara'yı fetheden Mogol İmparatoru Cengiz Han sanatkarları kendi hizmetine baglamak için kentten götürür. Ayrıca ulema başta olmak üzere, kadınlar hariç bütün halkın Buhara'nın en büyük camisinde toplanmasını buyurur. Cengiz Han'ın camide toplananlara yönelik "siz hiç de söylediğiniz gibi, Allah'ın sevgili kulları degilsiniz. Allah sizi gerçekten sevseydi; cezalandırılmanız için beni yollamazdı" şeklindeki sözleri Buhara tarihinde yaşanan en büyük katliama neden olur. Geçirdiği bu büyük felakete ragmen kent, İpek Yolu üzerinde bulundugu için önemini yitirmeden varlığını sürdürmüştür.

Buhara'nın yeniden toparlanması 16. yy.'a rastlar. Bir zamanlar Altınordu Devleti'ne baglı olan ve Orta Asya'da yerleşen bazı göçerler, köklerini Cengiz Han'ın torunu Özbek Han'a dayandırarak kendilerine Özbek demeye başlamışlardır. Buhara Hanlığı, Şahbani Han yönetimindeki Özbek kabilelerinin, Timur soyunu Orta Asya'dan sürdükten sonra kurdukları hanlıklardan biridir. İki yüzyılı aşkın bir süre bagımsız kalabilen Buhara Hanlığı, 1868'de üçüncü hanedanlık Mengit döneminde Çarlık Rusyası'nın yarı otonom bir parçası olmuştur. Çarlık Rusyası'nın yönetimini kabul eden diğer Orta Asya hanlıkları Hiva ve Kokand gibi Buhara Hanlığı da yarı bagımsız statüsünü Bolşevik devrimine kadar devam ettirmiştir.

Buhara. İsmail Samani'nin türbesi ve mezarlar. Konviner, 1925
Bukhara. The tomb of Ismail Samani and tombs. Konviner, 1925
Бухара. Мавзолей Исмаила Самани и могилы. Конвинер, 1925

Rus kaynakları Buhara hanlarının astragan kürk ticaretinden ve toprak agalığının getirdigi ranttan çok para kazandıklarını belirtirler. Hanlar ayrıca devlet hazinesini de kimseye hesap vermeden rahatça kullanmışlardır. 1890'lı yılların ortalarına dogru Buhara hanı olan Emir Abdul Ahad'ın Rus Merkez Bankasında 27 milyon, özel bankalarda 7 milyon altın rublesinin bulundugu, Alman ve İsviçre bankalarında ise büyük miktarlarda parası oldugu yine aynı kaynaklarda belirtilmektedir. Hanların bu göz kamaştırıcı zenginligine karşın halk yokluk içinde yaşamıştır. Hanlığın memur kadrosu devletten maaş almaz, yaptığı işlerden ötürü halktan para alırdı. Ancak talep edilen ücret işin kuralından çok memurun vicdanına kalmış bir şeydi. Şeriat hükümlerinin arkasına saklanan emirin despotlugunun yanı sıra, Buhara Hanlıgı'nın bir parçası olan Semerkand'ın Çarlık Rusyası yönetimine girmesiyle, buraya göç eden Ruslar'ın Zerevşan nehrinden gittikçe artan bir oranda su çekmesi de halkın fakirleşmesinde etkili olmuştur. Zaten kısıtlı olan su kaynaklarının tükenmesiyle kuraklık oluşmuş; bu durum kendi tarımı için bile su bulamayan Buhara halkını daha da fakirleştirmiştir.

Buhara'da en dehşet verici olay, kuşkusuz ölüm cezalarının yerine getiriliş şeklidir. Ölüme mahkum olan kişi, kentin merkezinde bulunan ve Buhara'nın en yüksek yapısı (45 metre) olan Kalyan minaresinden, diger adıyla "ölüm kulesi"nden aşagı atılırdı. Ölüm uygulaması, meydanda pazarın kuruldugu bir güne rastlatılırdı. Ara sokaklarda dolaşan tellallar halkı infazı görmeye çagırır, halkın meydanda toplanmasıyla mahkumun suçu ve cezası okunarak infaz yerine getirilirdi.

Hanlıklar Çarlık Rusyası yönetimine geçtiklerinde, şeriat hükümlerinin Rus vatandaşları dışındaki halka uygulanmasına müsade edilmiştir. Buhara'nın Orta Asya İslamiyetindeki önemli yeri ve şeriat hükümlerinin Çarlık yönetimine kolaylık sağlaması bu kararın alınmasında önemli olmuştur. Bugün İslam dünyasında en etkili tarikatlardan biri olan "Nakşibendilik" Buhara'da başlamıştır. Tarikat lideri Şeyh Bahaettin Nakşi'nin (1318-1389) ve annesinin mezarı bugün Buhara'nın Kagan semtindedir.

Orta Asya mimarisine hakim yapı malzemesi olarak asırlar boyu kullanılan kerpiç tugla ve çamur; Kokand, Buhara ve Hiva kentlerini çevreleyen surların da ana malzemesiydi. Eskiden, her yıl mevsim yagmurları sonunda kentlerin surlarının eriyen tarafları onarılırdı. Buhara'da Han çamurdan yapılan ve "Ark" denilen bir kalenin tepesinde otururdu. Bu tipik ve çag dışı kalmış Orta Asya yapı geleneği, gününün savaş teknigi karşısında kısa sürede iflas etmiştir. İlerleyen Rus ordusu Orta Asya'da her kuşattığı kentin çamurdan yığma duvarlarını yogun bir topçu ateşinden sonra kısa zamanda kalbura çevirmiş, çogu zaman ulema fazla kan dökülmesin diye teslim olmayı kabul etmiştir.

Türkler'de taş işçiligi Türk boylarının Anadolu'ya gelmesiyle başlamıştır. Anadolu Selçuklu Devleti döneminde Erzurum, Sivas, Konya, vb. gibi yerlerde yapılan taş yapıların benzerlerine Orta Asya'da rastlamak mümkün degildir.

Hiva Hanlıgı'nın Çarlık Rusyası'nın eline geçmesinde de çamurdan yapılmış surların önemi büyüktür. Günlerce Karakum çölünü geçen Rus Ordusunun komutanı

General Kaufmann kenti kuşattıktan sonra 10,000 kişilik bir güçle beş koldan saldırmayı planlarken, dört bir yandan sarıldığını gören Hiva Hanı kayıtsız şartsız teslim olmayı kabul ettikten sonra, kendisi bilinmeyen bir yere kaçmıştır. Böylece 9 Haziran 1873'te Rus Ordusu kente girmiştir. Olayın Batılı tek görgü şahidi, Rus ordusunu günlerce perişan bir şekilde Kara Kum çölünde takip eden 29 yaşındaki Amerikalı gazeteci Mac Gahan bunu şöyle anlatmaktadır:

"Neredeyse öğlen olmuştu. Kente yaklaştıkça, ağaçların arasından yüksek ve geniş, çamurdan yapılmış surlar görünüyordu. Ağaçlar biraz seyrekleşip atların kaldırdığı toz biraz yatışınca, çamur duvarlar ardından yükselen bir iki minare ve camilerin kubbesi göründü..... Süvari birlikleri, çamurdan surlar boyunca kazılmış bir hendeği aştıktan sonra kemerli kapıdan kente girdiler..... İçerde, sakallı ve oldukça pejmürde kılıklı insanların ufak gruplar halinde merakla bizi seyrettiklerini gördüm..... Önlerinden geçerken başlarındaki sarıkları çıkartıp ürkek bakışlarla bizi selamladılar.... Can korkularını yüzlerinden okumak mümkündü. Belki de, geçilemez sandıkları 600 km uzunluğundaki çölü geçip imkansızı başaran, üstleri başları toz içinde olmasına karşılık, çok güçlü görünen bu insanların, başka bir dünyadan geldiklerini düşünüyorlardı..... Birden karşımıza sevinçle bağırıp çağıran aralarında ağlayanların olduğu bir grup İranlı köle çıktı. Rusların girdiği yerde köle ticaretine son verdiklerini duymuşlar, azat edilecekleri günün geldiğine inanıyorlardı.....

Kentin meydanında, düzensiz bir yapı olan hanın sarayı on metrelik çamurdan bir duvarın arkasından görünüyordu. Sarayın güney doğu tarafında Hiva'nın ünlü kutsal kulesi görkemli bir şekilde yükseliyordu. Dibinde çapı dokuz metreyi bulan kule yükseldikçe inceliyor, tahmini kırk metrelik yüksekliğine vardığı zaman kulenin çapı dört buçuk metre oluyordu. Kulenin insanı en etkileyici yanı; kenarları mor, mavi ve yeşil renkli sırlı tuğlaların oluşturduğu geometrik şekillerin, açık kil rengi yapının üstünde yarattığı muhteşem görüntüydü..... "

Gece saray duvarlarının üstüne çıkmak isteyen Mac Gahan, tırmandığı kuleden gecenin sessizliğinde kenti seyreder ve kendisini "1001 Gece Masalları"nın içinde sanır. Geri dönerken sarayın duvarları üstünde yolunu şaşırır ve birden kendini haremin bahçesinden aşağı bakarken bulur.

"Aşağıda, yüz elli kadar; on beşlik masum kızlardan, dişsiz ihtiyarlara kadar her yaştan kadın vardı. Duvardan inmem kolay olmadı; karanlıkta yolumu buluncaya kadar epey uğraştım, duvarlara dayanmış barut çuvallarının patlayabileceğini düşünerek, kibrit kullanmadan zifiri karanlıkta dehliz gibi koridorlarda epey yol aldım. Sonunda kendimi yabancı bir erkeğin varlığından korkmayan - aksi halde kellem koparılabilirdi - bir grup genç kızın arasında buldum. Aralarından bir tanesi dikkatimi çekti. İri kara gözlerini gözlerimden ayırmadan yanıma geldi ve dizlerimin dibine oturdu. Gece boyunca kızlarla çay içtik, kurabiyeler yedik. Sadece adını öğrenebildiğim kara gözlü güzel - Züleyka dizlerimin dibinden hiç ayrılmadı. Saatlerce göz göze bakışıp durduk. Gözleri ile bana adeta yalvarıyor, 'Al götür beni buralardan' diyordu..."

Mac Gahan kitabında acı bir itirafta bulunarak şöyle der: *"Hayatımda hiç, uzak bir yerde bilinmeyen bir dili konuşamadığım için böylesine büyük bir üzüntüyle yanıp kavrulmadım..."*

Sonraki günlerde kaçan hanın yaşlı amcası haremde başı boş kalan kadınları alıp bilinmeyen bir yere götürür, bir süre sonra da Ruslar kaçan Hiva Hanı'nın geri dönmesine izin verirler.

Eski esir pazarlarının merkezi Hiva, bugün yaşayan ufak bir kentten daha çok yarı terkedilmiş bir film setine benzemektedir. Yetenekli bir yapımcı, Hiva'da kendini fazla sıkıntıya sokmadan, 1940'lı ve 50'li yıllarda popüler olan Hollywood filmlerine benzer (Ali Baba ve Kırk Haramiler, Bağdat Hırsızı gibi) benzer filmler çekebilir. Bugün Hiva, turizm için derlenip toparlanmıştır, ama insan kentin sokaklarında yürürken yaratılmak istenen atmosfere rağmen kentin çoktan kaybolmuş ruhunun eksikliğini hissediyor.

Kokand Hanlığı Orta Asya'da bağımsızlığını kaybeden son hanlık olmuştur. Hanlığın hükümranlığı, kendi topraklarında başlayan Kırgız ve Kıpçak isyanları ile tehlikeye girmiş, Ruslar'ın olaylara karışmasıyla son bulmuştur. İlk isyan, gaddarlığı ve zalimliği ile bilinen Kudayar Han'a karşı 1871'de çıkmış ve kısa sürede bastırılmıştır. Ancak Kokand Hanlığı bir süreden beri Sartlar, Kıpçaklar, Özbekler ve Kırgızlar arasında sonu gelmeyen kanlı iç çekişmelere sahne olmaktaydı; topraklarından ve gücünden çok şey yitirmişti. Böyle bir durumda Kudayar Han halk tarafından tahtından indirilmiş ve memleketinden kovulmuştur. Uzunca bir süre sonra Ruslar'ın, Buhara Hanlığı ile yaptığı anlaşma sonucu, Kudayar Han yeniden Kokand tahtına dönmüştür.

Sürgün yıllarında Kudayar Han ilk önceleri Buhara Emiri tarafından çok iyi ağırlanmışsa da; sonraları yasaklarla çevrili bir dünyada yaşamak zorunda kalmıştır. Annesinin gizlice yolladığı paralarla devecilik ve kervan işleri yapan Kudayar Han sürgündeki son yıllarında oldukça para kazanmış olmasına karşılık Kokand tahtına yeniden döndüğünde, büyük bir para hırsıyla sanki sefalet içinde geçen yılların acısını halktan çıkarmak istemiştir. Koyduğu yeni ve ağır vergiler 1873'te daha kapsamlı ve yaygın ikinci bir isyanın çıkmasına neden olmuştur.

İsyan, kış aylarında yavaşlayarak ilkbahar ve yaz aylarında şiddetlenerek iki yıldan fazla devam etmiştir. Bu durum Kudayar Han'da büyük bir korku ve güvensizlik yaratmış; korkusundan saraydan dışarı çıkamadığı gibi, karıları ve kızları dahil kimseyi kendisinden izin almadan odasından içeri sokmamıştır. Ruslar'ın kendisine karşı pazarlık piyonu olarak tuttukları Kokand tahtının bir başka adayı Abdül Kerim'in Kokand'a dönmesine izin vereceklerini açıklamaları üzerine Kudayar Han, çareyi hazinesini toplayıp Rusların yönetimine geçen Taşkent'e kaçmakta bulmuştur. Yerine en büyük oğlu Nasreddin tahta geçmiştir.

Kudayar Han'dan önce Emir Şir Ali döneminde Kokand'ı hanın vekili olarak bir süre yöneten Müslüman Kul'un oğlu Hacı Abdurrahman gizlice İstanbul'a gelmiş, Osmanlı İmparatorluğu'ndan Ruslar'ın Orta Asya'daki genişleme siyasetine karşı yardım istemiştir. Ancak o yıllarda Osmanlı İmparatorluğu'nun da hali pek parlak değildir. Sultan Abdül Aziz Mithat Paşa'yı yeni azletmiş, kişisel harcamaları devlet hazinesinin yüzde on beşine kadar tırmanmış, Anadolu'da 1873'ten beri süre gelen kuraklık yerini korkuç bir açlığa bırakmış ve en nihayet Ekim 1875'te Bab-ı Ali Avrupalı ve Galatalı bankerlerden aldığı borçları ödeyemeyeceğini ilan etmiştir.

Yeni Kokand Hanı Nasreddin, tahtını uzun süre koruyamamış; Çarlık Rusyası ile giriştiği savaşı kaybedince tahtı ile beraber ülkesinin topraklarını da kaybetmiştir (1876). O tarihten sonra Ruslar yeni kazandıkları toprakların adını değiştirerek Fergana dediler. Böyle bir geçmişten Kokand'a, sadece han sarayının iç avlusu kalmıştır. Kokand'ın bugünkü haline gelmesinin birçok nedeni vardır. Bunlardan biri; şehrin, Enver Paşa'nın da karıştığı "basmacı" isyanlarında yakılıp yıkıldığıdır.

"Basmacı" isyanları Kokand'ı da içine alan Fergana Vadisi'nde başlamış daha sonra diger yörelere de sıçramıştır. Çarın beyaz ordularının yeni rejimin kızıl orduları tarafından değişik yerlerde yenilgiye ugratılması, Rusya'nın ve Orta Asya'nın birçok bölgesinde otorite boşluğu yaratmıştı. İç savaşı kazanmasına rağmen, Kızıl Ordu bu boşluğu kapatacak güçte değildi. İşte böyle bir durumda Türkistan'da - özellikle bugünkü Özbekistan'ın yerinde - Basmacılar (İslam ağırlıklı kanat) ve Cedidler (aydınlar kanadı) adlı iki grup ayrı ayrı bağımsızlık hesapları yapmaya başladılar. Bugün bile Orta Asya'da İslamiyetin çok güçlü oldugu noktalardan biri olan Fergana Vadisi'nde, 1918 yılında başlayan Basmacı isyanı, kısa sürede Türkmenistan'dan Tacikistan'a kadar yayıldı. Sonunda isyan Kızıl Ordu tarafından bastırıldı.

Kokand'ın bugünkü durumuna gelmesiyle ilgili bir görüşe göre; isyana tepki olarak Kokand'ta eskiye ait ne kadar tarihi yapı varsa (medrese, cami, vb) yıkılmıştır. Bir başka düşünce ise çarpışmalar sırasında zaten harap olan binaların, zamanla gözden kaybolduğudur.

KHIVA, BUKHARA, KHOKAND

In the Central Asia of the 19th century, half of the area covered by present-day Turkmenistan, the whole of modern Uzbekistan, almost the whole of present-day Kirghizistan and the southern region of what is now Kazakhstan were occupied by the khanates of Khiva, Bukhara and Khokand.

Of the khanates that have continued to exist as cities, it is Khiva that has survived most effectively to the present day. Of Khokand's glorious past practically nothing now remains. In the years immediately before and after the Soviet Revolution, all the surviving buildings were burnt or demolished and now, no longer even a city, Khokand appears as a mere district on the maps of Uzbekistan. Khiva, on the other hand, partly due to its remote geopolitical situation on the edge of the desert, partly due to the Khiva authorities' recognition of their military weakness in the face of the besieging Russian armies and their decision to surrender in good time, suffered comparatively little damage and has thus been able to preserve a large part of its architectural heritage intact.

Of the three cities, Bukhara occupied a very special place on the Silk Road. It is one of the oldest cities in Central Asia and is to be found mentioned in Chinese records of the 5th century A.D. Regarded as the holiest Islamic city in Central Asia, it once possessed nearly two hundred and fifty *medressehs* (theological colleges), although only the Miri Arab Medresseh and one or two others have survived. It was also famous for its handicrafts, and it is reported that on his conquest of the city, the Mongol Emperor Genghis Khan carried off the craftsmen of the city to employ them in his own service. At the same time, he ordered all the citizens of Bukhara, excluding the women but with the *ulema* (the learned and religious élite) to the fore, to gather in the largest mosque in the city. Addressing the assembly, Genghis Khan declared: "You are not the beloved servants of God you claim to be. If God had loved you as you say, he would not have sent me to chastise you." This was followed by the most terrible massacre in the history of Bukhara, but despite this disaster the city lost nothing of its importance on the Silk Road.

The recovery of Bukhara dates from the 16th century. At one time, several migrants who had belonged to the Golden Horde and who had settled in Central Asia began to call themselves "Uzbeks" on the strength of their descent from Uzbek Khan, the grandson of Genghis Khan. The khanate of Bukhara was one of the khanates founded by Uzbek tribes under the rule of Shahbani Khan after the descendants of Tamerlane had been driven out of Central Asia. In 1868, under the third, Mengit dynasty, the khanate of Bukhara, after having led an independent existence for over two hundred years, became a semi-autonomous region of Tzarist Russia. Like the other Central Asian provinces that had accepted Russian rule, such as Khiva and Khokand, Bukhara preserved its semi-independent status until the Bolshevik Revolution.

Russian sources indicate that the Bukhara khans made a considerable profit from the trade in astraghan and from their rents as landowners. The state treasury also lay completely at their disposal without their having to account to anyone for the use made of it. From the same source we learn that towards the middle of the 1890s the khan of

Bukhara, Emir Abdul Ahad, had 27 million gold roubles in the Russian Central Bank, 7 million in a number of private banks and large sums in German and Swiss banks. While the khans enjoyed such dazzling wealth the people themselves lived in poverty and destitution. Civil servants received no salaries from the state, deriving their income entirely from the money paid by the people for services rendered, but the amount paid was completely arbitrary, and depended more on the goodwill of the bureaucrat than on any code of rules or regulations. Besides the suffering caused by the despotism of the Emir, who shielded himself behind the Sharia or religious law, the destitution of the people was further exacerbated by the increasing amounts of water drawn from the Zarafshan river by the Russians who had migrated to this region after Samarkand, part of the khanate of Bokhara, had been absorbed under Russian rule. The area became completely arid after the exhaustion of the limited supply of water, and the poverty of the people was further worsened by their inability to find sufficient water for their agriculture.

One of the most horrifying aspects of Bukhara was the manner in which the death penalty was implemented. The prisoner was taken to the Kalian Mosque in the centre of the city, and hurled from the top of the minaret, the highest building in Bukhara (45 m), commonly known as "death tower". The sentence was always carried out on the day the market was held in the square below and town criers would wander around the streets calling people to witness the event. Once the people had assembled in the square below the prisoner was brought to the place of execution and accounts of the crime committed and the sentence imposed were read out.

After the khanates came under Tzarist Russian rule permission was granted for the Sharia law to continue to be applied to non-Russian citizens. This decision led to Bokhara's occupying an important place in the Central Asian Islamic world, while the Sharia rules facilitated the imposition of Tzarist rule. It was in Bukhara that "Nakşibendilik", the most influential of present-day Islamic sects, originated, and it is in the Kagan district of Bukhara that the graves of Sheikh Bahaettin Nakshi (1318-1389), the founder of the sect, and of his mother are to be found.

Mud was the main material used over the centuries in Central Asian architecture. It was employed in the walls surrounding the cities of Khokand, Bukhara and Khiva in the old days, annual repairs were carried out on the sections of the walls that had crumbled as a result of the seasonal rains. In Bokhara, the Khan resided in a citadel known as the "Ark", built of mudbrick and located on a hill. This characteristic, out-moded Central Asian building tradition soon collapsed when confronted with modern warfare techniques. In every Central Asian city besieged by the advancing Russian army the mudbrick walls were soon riddled with holes by intensive cannon fire and, in most cases, the *ulema* would surrender the city in order to avoid further bloodshed. Turkish stonework began with the entry of the Turkish tribes into Anatolia, but nothing resembling the stone buildings constructed in places such as Erzurum, Sivas and Konya during the Anatolian Seljuk period can be found in Central Asia.

The mudbrick walls played an important rôle in the conquest of the Khanate of Khiva by Tzarist Russia. While General Kaufmann, the commander of the Russian army, which had marched for days across the Karakum Desert to besiege the city, was planning a five-pronged attack with a force of 10,000 men, the Khan, seeing that they were surrounded on all four sides, accepted unconditional surrender and fled to some unknown destination. When the Russian army entered the city on 9 June 1873 the only western observer of the event was the twenty-nine year old American journalist MacGahan, who had accompanied the Russian army on its arduous trek across the desert.

"It was now about noon, and in ten minutes we were in sight of the renowned city. We did not see it until we were within less than a mile, owing to the masses of trees everywhere that completely hid it from our view. At last it broke upon us, amid the clouds of dust which we had raised. Great, heavy mud walls, high and battlemented with heavy round buttresses, and a ditch over which we could see the tops of trees, a few tall minarets, domes of mosques... As we passed through the long arched gateway we left the dust behind us, and, emerging from this, found the city before us... We began to see small groups of men in the lateral streets, in ragged tunics and long beards, with hats off, bowing timidly to us as we passed.... With what strange awe they must have gazed upon us as we passed, dust-covered and grimy after our march of 600 miles over the desert, which they had considered impassable. Grim, stern, silent and invincible, we must have appeared to them like some strange powerful beings of an unknown world..... Then we came upon a crowd of Persian slaves, who received us with shouts, cries and tears of joy. They were wild with excitement. They had heard that wherever the Russians went slavery disappeared, and they did not doubt that it would be the case here...

One side of the square was taken up by the palace, a huge rambling structure. with mud-battlemented walls, about twenty feet high... At the south-eastern angle of the palace rose, beautiful and majestic, the sacred tower of Khiva. It was about thirty feet in diameter at the bottom. and tapered gradually to the top, a height of about 125 feet, where it had a diameter of fifteen feet... It was brightly coloured in blue, green,. purple and brown on a pure white ground, arranged in a variety of broad stripes and figures, the whole producing a most brilliant and beautiful effect. "

At night, on climbing the palace walls and surveying the city in the silence of the night, MacGahan felt himself back in the world of the Thousand and One Nights. On his return he lost his way on the palace walls and found himself looking down into the harem garden.

"Below there were ladies ranging from sweet young girls of fifteen to old toothless women, apparently one hundred hundred and fifty. It was no easy task to descend from the wall but, finally finding a way down in the darkness - I dared not strike matches because of the piles of gunpowder in the labyrinthine passages - I finally found myself among a group of girls who seemed not to fear the presence of a strange man (otherwise I might well have lost my head). I was particularly struck by one of them. She came up to me without ever taking her eyes off me and knelt down at my feet. We spent the whole night drinking tea and eating sweetmeats, but all

that I could learn of the dark-eyed beauty at my feet was that her name was Zuleika. She never moved away from my feet, and we continued for hours to gaze into each other's eyes, her own gaze seeming to be imploring my help."

To all this MacGahan adds the rueful confession: *"I never in my life before so much regretted my ignorance of an unknown tongue."*

Some days later, the Khan's aged uncle gathered together the women and young girls wandering around at a complete loss in the harem and took them off to an unknown destination. The Russians later allowed the Khiva Khan to return to his city.

Khiva, once an important slave market, now presents an appearance more in keeping with a film set than a small, living city. A competent film director could, without putting himself to too much trouble, easily shoot Hollywood films of the type popular in the 1940s and 1950s, such as Ali Baba and the Forty Thieves and the Thief of Baghdad. Present-day Khiva has now prepared itself for tourism, but in spite of the atmosphere that it has been the intention to create, the visitor roaming around in its streets cannot help being impressed by the absence of a soul that vanished long ago.

The Khokand khanate was the last khanate in Central Asia to lose its independence. This was first endangered by the Kirghiz and Kipchak uprisings that had their origin on its territory and was finally brought to an end by the Russian intervention. The first uprising in 1871 against Khudayar Khan, a ruler famed for his cruelty and tyrannical despotism, was quickly suppressed, but the khanate of Khokand lost much of its power and territory as a result of the interminable and bloody civil strife between the Sarts, Kipchaks, Uzbeks and Kirghiz. Khudayar Khan was deposed by the people and driven from the country, but some time later he was restored to the throne of Khokand following an agreement between the Russians and the khanate of Bokhara.

During his years of exile, Khudayar Khan was at first given a warm welcome by the Emir of Bukhara, but later he was obliged to live surrounded by restrictions and prohibitions, which forced him to contact no one. At the end the money secretly sent to him by his mother enabled Khudayar Khan to engage in the camel and caravan trade and to make a good deal of money, but on his return to the throne of Khokand his first thought was to wreak revenge on the people for the poverty he claimed to have suffered in exile. The new, very heavy taxes he imposed led to a second much more serious and widespread uprising in 1873.

This uprising lasted for over two years, slackening in the winter months and intensifying in the summer. This filled Khudayar Khan with a great fear and sense of insecurity which made him afraid to set foot outside his palace, and he forbade anyone, even his own wives and daughters, to enter his room without special permission. When the Russians announced that they were to allow the return to Khokand of Abdül Kerim, a claimant to the Khokand throne whom the Russians held as a bargaining chip against him, Khudayar saw no way out but to gather his treasury together and escape to Tashkent, which had recently come under Russian rule. Khudayar's eldest son Nasreddin later succeeded to his father's throne.

During the reign of Emir Shir Ali, regent Müslüman Kul's son Hacı Abdurrahman was secretly sent to Istanbul to ask the Ottoman Empire for assistance against Russian expansionist policy in Central Asia. At that time, however, the situation of the Ottoman Empire was not very encouraging. Sultan Abdül Aziz had just dismissed Mithat Pasha, the Sultan's privy expenses amounted to one tenth of the state treasury, the drought that had afflicted Anatolia since 1873 had been succeeded by a terrible famine and finally, in October 1875, the Sublime Porte announced to European and Galata bankers that it was unable to pay its debts.

The new Khan of Khokand was unable to preserve his position for very long, losing both his throne and his territory on his defeat in the war he had engaged with Tzarist Russia (1876). After that date, the Russians gave the new territories they had just won the name Ferghana. The only thing in Khokand to have survived from its past is the inner courtyard of the khan's palace. There are several reasons for Khokand having fallen into the state of dereliction in which it is to be found today. One of these is the sack of the city carried out during the *basmachi* uprising in which Enver Pasha was involved.

The *basmachi* uprisings, which had begun in the Ferghana Valley, an area which included Khokand, soon spread to other regions. The defeats inflicted by the Red armies of the new regime on the White armies of the Tzar in various parts of the country created an authority vacuum which the Red Army, in spite of its victory in the Civil War, was not strong enough to fill. In this state of affairs, there arose in Turkestan, and in the area covered by present-day Uzbekistan in particular, two distinct groups with quite different views of independence - the *basmachi*, or Muslim wing, and the Jedids, or intelligentsia. The *basmachi* uprising, which began in the Ferghana Valley, still one of the strongholds of Islam in Central Asia, quickly spread from Turkmenistan as far as Tajikistan. The uprising was finally suppressed by the Red Army.

As for the appearance of Khokand at the present day, one explanation given is that all the old buildings belonging to the city's past - *medressehs,* mosques, etc. - were demolished in retaliation for the uprising. Another view is that the old buildings, which had, in any case, been severely damaged in the course of the wars, simply fell into ruin and crumbled away.

ХИВА, БУХАРА, КОКАНД

В Средней Азии в 19-го веке на половине территории современного Туркменистана, на всем пространстве нынешнего Узбекистана, почти на всей территории Киргизии и южных районов Казахстана распологались Хивинское, Бухарское и Кокандское ханства.

Из упомянутых ханств, продолжавших существовать как города, только Хива дожила до настоящего времени. Практически ничего не осталось от славного прошлого Коканда. В первые годы после революции почти все здания были сожжены или разрушены, и сейчас Коканд существует на картах Узбекистана лишь как административный центр. Однако Хива, частью в силу своего геополитического расположения на краю пустыни, частью в результате признания хивинскими властями своей слабости перед наступающими русскими войсками, сумела избежать больших разрушений и в значительной мере сохранила свое архитектурное наследие.

Среди трех городов на Шелковом Пути Бухара занимала особое место. Это один из древнейших городов Средней Азии и упомянания о нем есть уже в китайских летописях 5-го века н.э. Поскольку Бухара была признана самым священным исламским городом Средней Азии, в ней насчитывалось около 250 медресе (теологических школ), однако сейчас там существуют только медресе Мири Араб и несколько других. Город также славился своими ремесленниками, и, как сказано в летописях, после завоевания Бухары монголами их владыка Чингиз Хан вывез всех местных мастеров к себе на службу. Одновременно он приказал всем мужчинам Бухары, включая улемов (просвещенную и религиозную элиту), собраться в самой большой мечети города. Обращаясь к собравшимся Чингиз Хан заявил: "Вы не есть возлюбленные слуги Господа, как вы говорите. Если бы Господ любил вас так, как вы думаете, он не послал бы меня, чтобы покарать вас". За этими словами последовала самая ужасная резня за всю историю Бухары. Но несмотря на это бедствие, город не утратил своей важности для Шелкового пути.

Возрождение Бухары началось в 16 веке. В то время несколько переселенцев из Золотой Орды, которые осели в Средней Азии начали называть себя "узбеками", настаивая на своем происхождении от хана Узбека, внука Чингиз Хана. Бухарское ханство было одним из государств, основанных узбекскими племенами под руководством Шейбани хана после изгнания из Средней Азии потомков Тамерлана. В 1868 году, в период третьей, Менгитской династии, Бухарское Ханство после более, чем двухвекового независимого существования стал полуавтономной провинцией царской России. Подобно другим среднеазиаским провинциям (Хива и Коканд), принявшим русское правление, Бухара сохранила свой статус полунезависимости до большевистской революции.

Русские источники указывают, что Бухарские эмиры получали значительный доход от торговли каракулем и от земельной аренды. Государственная казна была также в их полном распоряжении без какой-либо отчетности о расходах. Из тех же источников нам известно, что в 1890-ых годах бухарский эмир Абдул Ахад имел 27 миллионов рублей золотом в Центральном банке России, 7 миллионов в нескольких частных банках и большие суммы денег в германских и швейцарских банках. В то время, как эмиры купались в немыслимой раскоши, народ прозябал в бедности и лишениях. Чиновники не получали жалования от государства, а жили за счет платежей, взымаемых с народа за оказанные услуги. Суммы этих платежей были произвольны и чаще зависили более от доброй воли бюрократа, нежели от законодательных уложений. Помимо страданий, вызванных деспотизмом эмиров, прикрывающихся шариатом и религиозными законами, судьба людей еще более отягощалась нехваткой воды в реке Зарафшан, которая все в большем количестве забиралась русскими, переселившимися в этот район из Самарканда, ставшего частью Бухарского ханства после установления там российского правления. Когда запасы воды истощились, местность стала зашусливой, а нищета людей усугубилась тем, что у них не было возможности найти достаточные источники орошения для ведения сельского хозяйства.

Самой ужасающей стороной жизни в Бухаре были, безусловно, смертные казни. Узника приводили в мечеть Калян в центре города и сбрасывали с вершины минарета, самого высокого строения в Бухаре (45м.), известного под названием "Башня смерти". Обычно приговор приводился в исполнение в базарный день, когда площадь внизу была заполнена народом, и глашатаи ходили по улицам, созывая людей на это зрелище. Как только площадь заполнялась зрителями, приговоренного приводили на место казни, где объявлялся состав его преступления и мера наказания.

После перехода ханства под российское управление было разрешено продолжать применять законы шариата к нерусскому населению. Это решение привело к тому, что Бухара заняла главенствующее положение в Среднеазиатском мусульманском мире, а законы шариата всячески использовались для усиления царского режима. Именно в Бухаре появилась "Накшибенделик"- самая влиятельная из ныне существующих мусульманских сект и именно в Кагандском районе Бухары нужно искать могилы шейха Бахаеттина Накши (1318-1389), главы секты, и его матери.

Веками глина была основным строительным материалом в Средней Азии. Из нее построены городские стены Коканда, Бухары и Хивы. В старину ежегодно после сезонных дождей отдельные участки стен ремонтировались. Бухарские правители селились в крепости известной под названием "Арк". Она была построена из саманного кирпича и расположена на холме. Эта старомодная, типично среднеазиатская строительная технология, не выстояла перед современными приемами ведения войны. В каждом среднеазиатском городе, оказавшемся на пути продвигавшихся русских войск, глиняные стены были до дыр изрешечены интенсивным артиллерийским огнем. Улемы предпочитали сдавать город, чтобы избежать дальнейшего кровопролития. У тюрок строительство из камня началось с приходом тюркских племен в Анатолию, по ничего напоминающего каменные здания, построенные в таких местах как Эрзерум, Сивас и Кония во времена Анатолийских Сельджуков, нельзя найти в Средней Азии.

Глиняные стены сыграли важную роль и в победе русской армии над Хивинским ханством. В то время, когда генерал Кауфман, командующий русской армией, дни и ночи шагавшей по пустыне Каракум на захват города, планировал атаку 10-ью тысячами солдат, хан, увидев, что Хива окружена с четырех сторон, принял решение о безеговорочной капитуляции и сам исчез в неизвестном направлении. Когда русская армия вошла в город 9 июня 1873 года, единственным западным очевидцем события оказался 29 летний американский журналист Макгахан, сопровождавший русскую армию в ее походе через пустыню.

"Было около полудня, и через десять минут показался знаменитый город. Из-за густых деревьев, которые совершенно скрывали его, мы не видели город до тех пор, пока не оказались на расстоянии одной мили. Наконец он открылся нашим взорам в облаках пыли, поднятой нами. Величественно тяжеловесные высокие зубчатые стены со рвом, поверх которого мы увидели врхушки деревьев, несколько высоких минаретов, купола мечетей. Пыль осела, пока мы проходили под высокой сводчатой аркой ворот, и перед нами предстал город... На боковых улочках мы начали различать небольшие группы длиннобородых людей без головных уборов, одетых в поношенные халаты. Они коротко кланялись нам по мере нашего продвижения. С каким благоговейным трепетом они должно быть смотрели на нас, запыленных и угрюмых, после 600-мильного перехода по пустыне, которую они считали непроходимой. Мрачные, суровые молчаливые и непобедимые, мы появились перед ними подобно могучим существам из неведомого мира.. Затем нам встретилась толпа рабов-персов, которые приветствовали нас криками, плачем и слезами радости. Они обезумели от волнения. Они слышали, что там, куда приходят русские кончается

робство и не сомневались, что с ними тоже случится подобное...

С одной стороны на площади располагался дворец, огромное беспорядочно выстроенное здание с зубчатыми стенами в двадцать футов высотой... В юго-восточной части дворца высилась священная башня Хивы, прекрасная и величественная. Диаметр ее основания был тридцать футов и, постепенно служаясь до пятнадцати футов в диаметре, она выздымалась на высоту в 125 футов... Яркие орнаменты в виде широких полос синего, зеленого, пурпурного и коричневого цветов на чистом белом фоне создавали прекрасный эффект".

Ночью взобравшись на стены дворца и, глядя на город, МакГахан почувствовал себя вернувшимся в мир сказок "Тысячи и Одной Ночи". На обратном пути он потерял дорогу и оказался на стене сада, примыкающего к гарему.

"Внизу были около ста пятидесяти дам самого разнообразного возраста: от юных пятнадцатилетних девочек, до беззубых старух. Нелегко было спуститься со стены, но наконец найдя дорогу, я не осмелился зажечь спички, потому что лабиринты дворца были заполнены мешками с порохом - я оказался в группе девушек, которые не испугались присутствия чужестранца (иначе - не сносить бы мне головы). Одна из них поразила мое воображение. Она приблизилась ко мне, не отводя глаз, и склонилась у моих ног. Мы провели всю ночь в чаепитии и поедании сладостей, но все, что мне удалось узнать у моей темноглазой красавицы, было ее имя - Зулейка. Она так и не отошла от моих ног, и мы часами смотрели друг другу в глаза, и казалось ее взгляд молил о помощи".

В заключении МакГахан с горечью признается: *"Никогда прежде в своей жизни я так не сожалел, о том, что не понимал этот незнакомый язык."*

Несколько дней спустя престарелый дядя хана собрал всех женщин и девушек, бродивших по гарему в полной потерянности, и увез их в неизвестном направлении. Позднее русские позволили хану Хивинскому вернуться в город.

Хива, бывшая когда-то важным центром работорговли, теперь более похожа на декорации к фильму, нежели на маленький, живой город. Опытный кинорежиссер смог бы без особых трудностей снять здесь кино, сходное с Голливудской продукцией 1940 и 1950-х годов, что-нибудь в духе "Алибабы и Сорока Разбойников" или "Багдатского Вора". Современная Хива готова быть местом туризма, но вопреки атмосфере, которую пытались создать, приезжий, скитающийся по ее улицам, не может избавиться от чувства, что душа покинула город давным давно.

Кокандское ханство потеряло независимость позднее всех в Средней Азии. Первая угроза возникла во времена восстания киргизов и кипчаков, а конец ей положила русская интервенция. Первое восстание (1871 год) против Худояр хана, прославившегося своей жестокостью и трагическим деспотизмом, было быстро подавлено, но Кокандское ханство потеряло большую часть своего могущества и земель в результате непрекращающейся и кровавой гражданской войны между сартами, кипчаками, узбеками и киргизами. Народ сверг Худояр хана с трона и изгнал его из страны, однако некоторое время спустя он вновь оказался у власти в Коканде согласно договору между русскими и ханством Бухары.

В первые годы ссылки эмир бухарский оказывал Худояр хану теплое гостеприимство, но впоследствии ему пришлось подчиняться многим ограничениям и запретам. Хотя деньги, тайно посылаемые Худояр хану его матерью, помогли ему заняться караванной торговлей и заработать большие средства, первой мыслью Худояр хана по возвращении на трон было отмщение за нищету, которую он влачил в годы ссылки. Он ввел такие непомерные налоги, что это привело в 1873 году ко второму, еще более серьезному и обширному восстанию.

Восстание длилось более двух лет, затихая зимой и обостряясь в летние месяцы. События наполнили Худояр хана таким страхом и ощущением опасности, что он боялся ступить за пределы дворца и запретил кому-бы то ни было, в том числе своим женам и дочерям, заходить в его покои без особого разрешения. Когда русские объявили о возвращении в Коканд Абдул Керима, претендента на кокандский трон, которого они использовали для торга с ханом, Худояр хану ничего не оставалось как собрать свои сокровища и бежать в Ташкент, недавно перешедший под русское управление. Позднее Насреддин, старший сын Худояра, унаследовал отцовский трон.

Сын Мусульман Кула, Хаджи Абдуррахман, который незадолго до воцарения Насреддина ушел в отставку с поста вице-хана, тайно пробрался в Стамбул, чтобы просить Оттоманскую империю о содействии в борьбе против русской экспансии в Средней Азии. Однако в то время ситуация в самой Оттоманской империи складывался неудачно. Султан Абдул Азиз только что сместил Митхат Пашу, личные расходы султана достигли одной десятой от всей государственной казны, за засухой, поражавшей Анатолию с 1873 года, последовал страшный голод, и наконец в октябре 1875 года Блистательная Порта объявила банкирам Европы и Галаты, что она не в состоянии выплатить свои долги.

Новый хан Коканда не смог сохранить свое положение надолго, потеряв свой трон и земли после поражения в войне с царской Россией (1876). С того времени русские дали вновь завоеванным землям название Фергана.

Единственное место в Коканде, сохранившееся из прошлого - это внутренний двор ханского дворца. Есть несколько причин тому, почему Коканд дошел до того состояния запустения, в котором он находится теперь. Одной из них стало разграбление города, учиненное в период восстания "басмачей", в которое был вовлечен Энвер Паша.

Восстания "басмачей", которые начались в Ферганской долине, местности, где располагался Коканд, вскоре охватили все регионы. Поражения, какие в разных районах наносила новая Красная Армия Белой Гвардии Царя, создавали вакуум власти, который Красная Армия, даже после победы в Гражданской войне, не могла заполнить. При таком положении дел в Туркестане и на территории современного Узбекистана возникли две группировки с двумя разными воззрениями на независимость: басмачи или мусульманское крыло и интеллигенция в лице джадидов. Басмаческое восстание, начавшееся в Ферганской долине, оплоте ислама в Средней Азии, скоро перекинулось в Туркменистан и Таджикистан. В конце концов восстание было подавлено Красной Армией.

Внешний вид современного Коканда можно объяснить тем, что все здания - медресе, мечети и пр., принадлежавшие прошлой истории города, были разрушены в отместку за восстание. По другому мнению, старинные здания, претерпевшие большие разрушения в ходе войн превратились в руины и были убраны прочь.

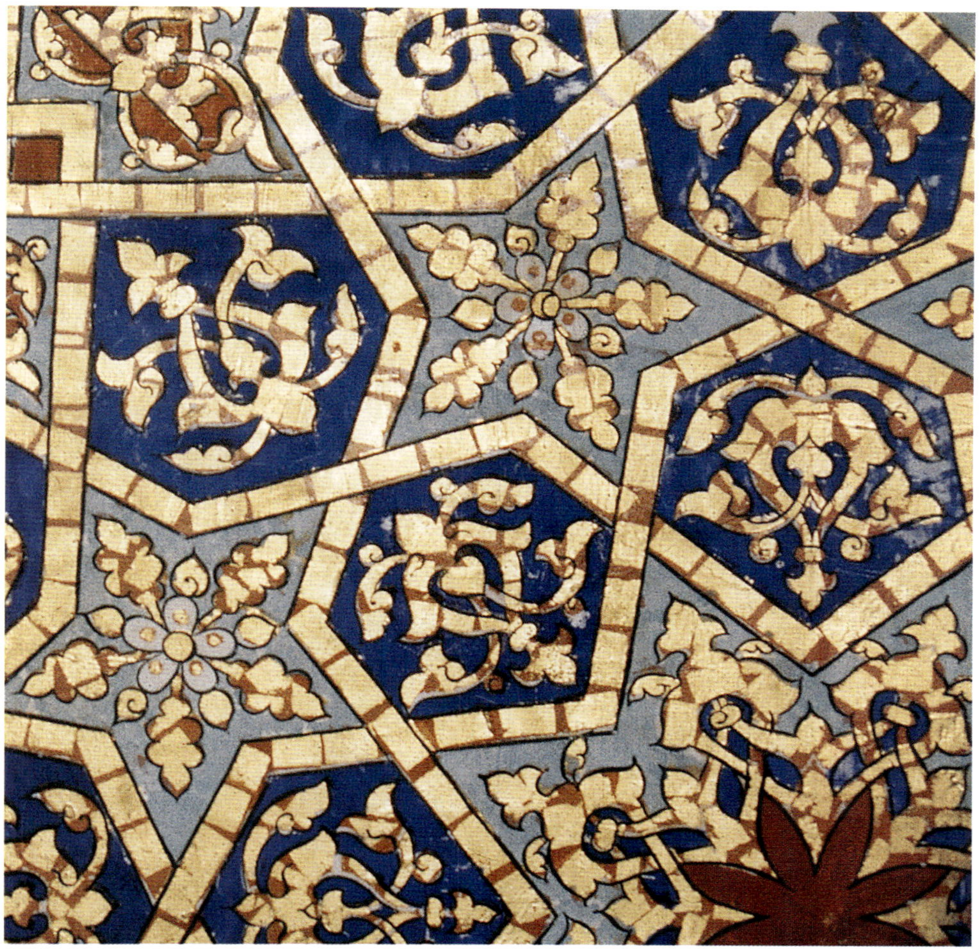

Hiva Hanı Muhammed Rahim Han (1865-1910)
I.Voljinski, 1896'dan önce
Khan of Khiva Mohammad Rahim Khan (1865-1910)
I. Voljinsky, not later than 1896
Хивинский Хан Мухаммед Рахим Хан (1865-1910)
И. Волжинский, до 1896

Hiva Hanının selefi Seyit Muhammed Rahim II Bahadır Han
I.Voljinski, 1896'dan önce
Predecessor of Khiva's Khan Seyit Mohammad Rahim II Bahadir Han
I. Voljinsky, not later than 1896
Предшественник Хивинского Хана, Сейит Мухаммед Рахим 2 Бахадыр Хан.
И. Волжинский, до 1896

Hiva Hanının, maiyeti ile birlikte yüksek rütbeli bir subayı
I.Voljinski, 1896'dan önce
Khiva. The Khan's high-ranking official with his retinue
I. Voljinsky, not later than 1896
**Хива. Офицер хана, имеющий высокий чин, со своими сопровождающими.
И. Волжинский, до 1896**

Hiva Hanının, maiyeti ile birlikte yüksek rütbeli bir subayı
I.Voljinski, 1896'dan önce
Khiva. The Khan's high-ranking official with his retinue
I. Voljinsky, not later than 1896
Хива. Офицер хана, имеющий высокий чин, со своими сопровождающими
И. Волжинский, до 1896

Hiva Hanının, maiyeti ile
birlikte yüksek rütbeli
bir subayı
I. Voljinski, 1896'dan önce
*Khiva. The Khan's
high-ranking official
with his retinue
I. Voljinsky,
not later than 1896*
**Офицер хана, имеющий
высокий чин,
со своими
сопровождающими**
И. Волжинский, до 1896

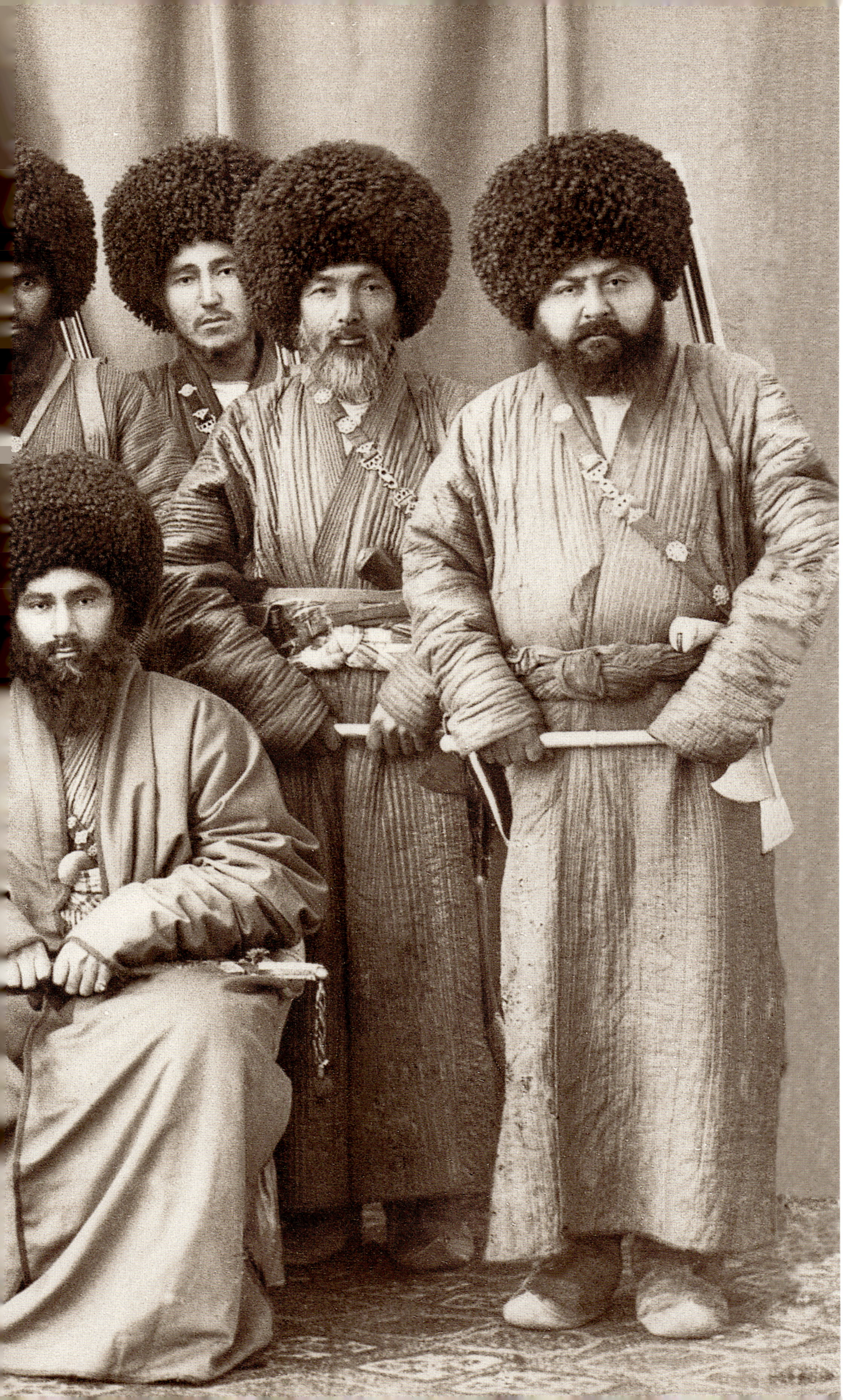

Hiva. Hanın oğlunun olduğu sanılan portre
I. Voljinski, 1896'dan önce
Khiva. Believed to be a portraid of the Khan's son.
I. Voljinsky, not later than 1896
Хива. Полагается, что портрет сына хана
И. Волжинский, до 1896

Hiva. Veliahtın olduğu sanılan portre
I. Voljinski, 1896'dan önce
Khiva. Believed to be a portraid of the heir to the throne
I. Voljinsky, not later than 1896
Хива. Полагается, что портрет наследника престола
И. Волжинский, до 1896

Hiva. Arkadaşları ile birlikte veliaht
I.Voljinski, 1896'dan önce
The heir to the throne with his comrades
I. Voljinsky, not later than 1896
Наследник престола вместе со своими друзьями
И. Волжинский, до 1896

Hiva yurttaşları
I.Voljinski, 1896'dan önce
*Citizens of Khiva
I. Voljinsky,
not later than 1896*
**Группа хивинцев
И. Волжинский, до 1896**

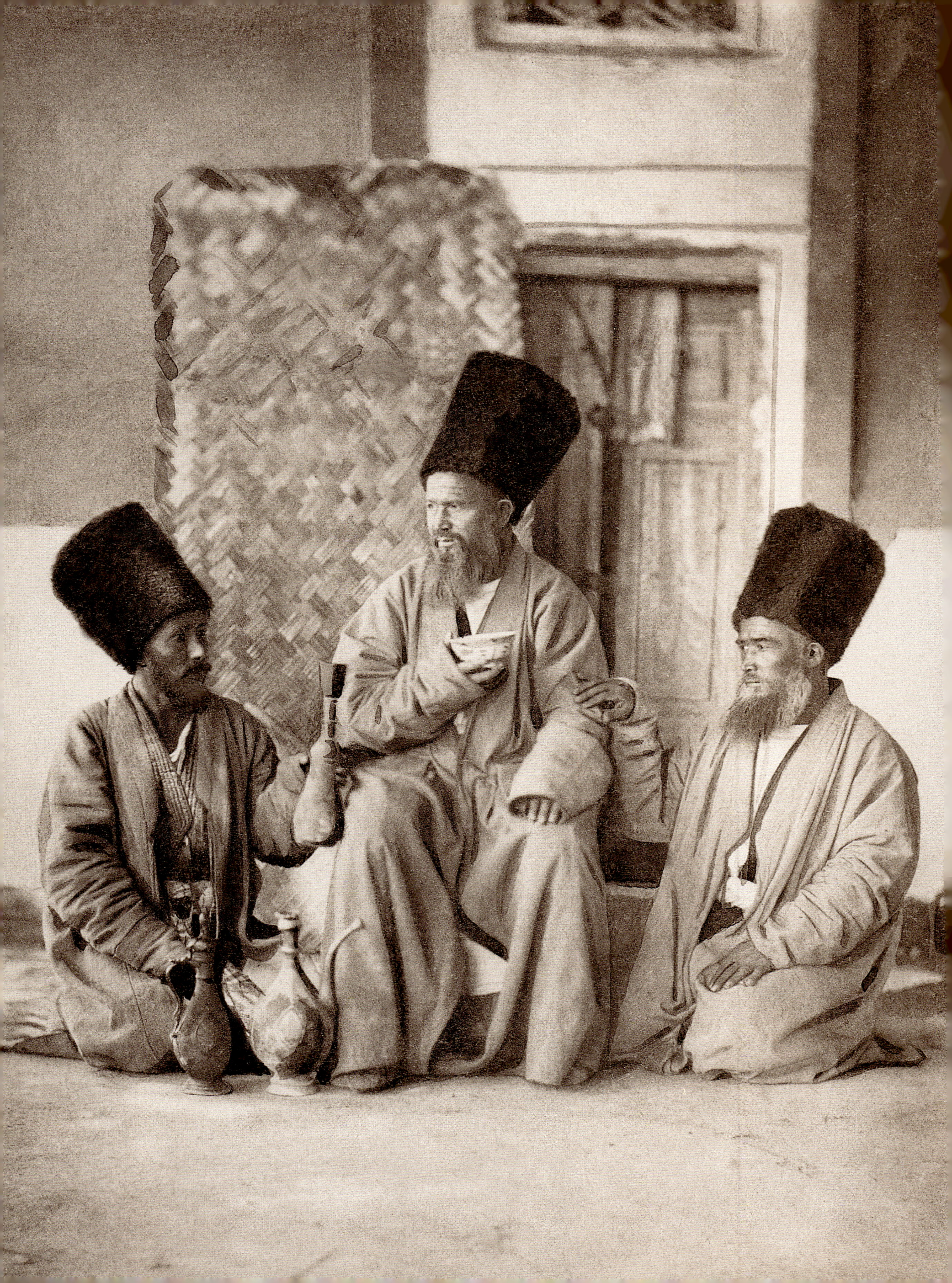

Çocukları ile birlikte Hivalı kadınlar
Hordet, 1880'ler
Khiva's women with their children
Hordet, 1880s
Хивинские женщины со своими детьми
Хордет, 1880-е годы

Hiva eşrafından üç kişi evlerinin bahçesinde çay içerken
A. S. Murenko, 1858
A group portrait of three honorable citizens of Khiva, drinking tea in the courtyard of their home
A. S. Murenko, 1858
Три хивинских человека, пьющих чай в саду дома
А. С. Муренко, 1858

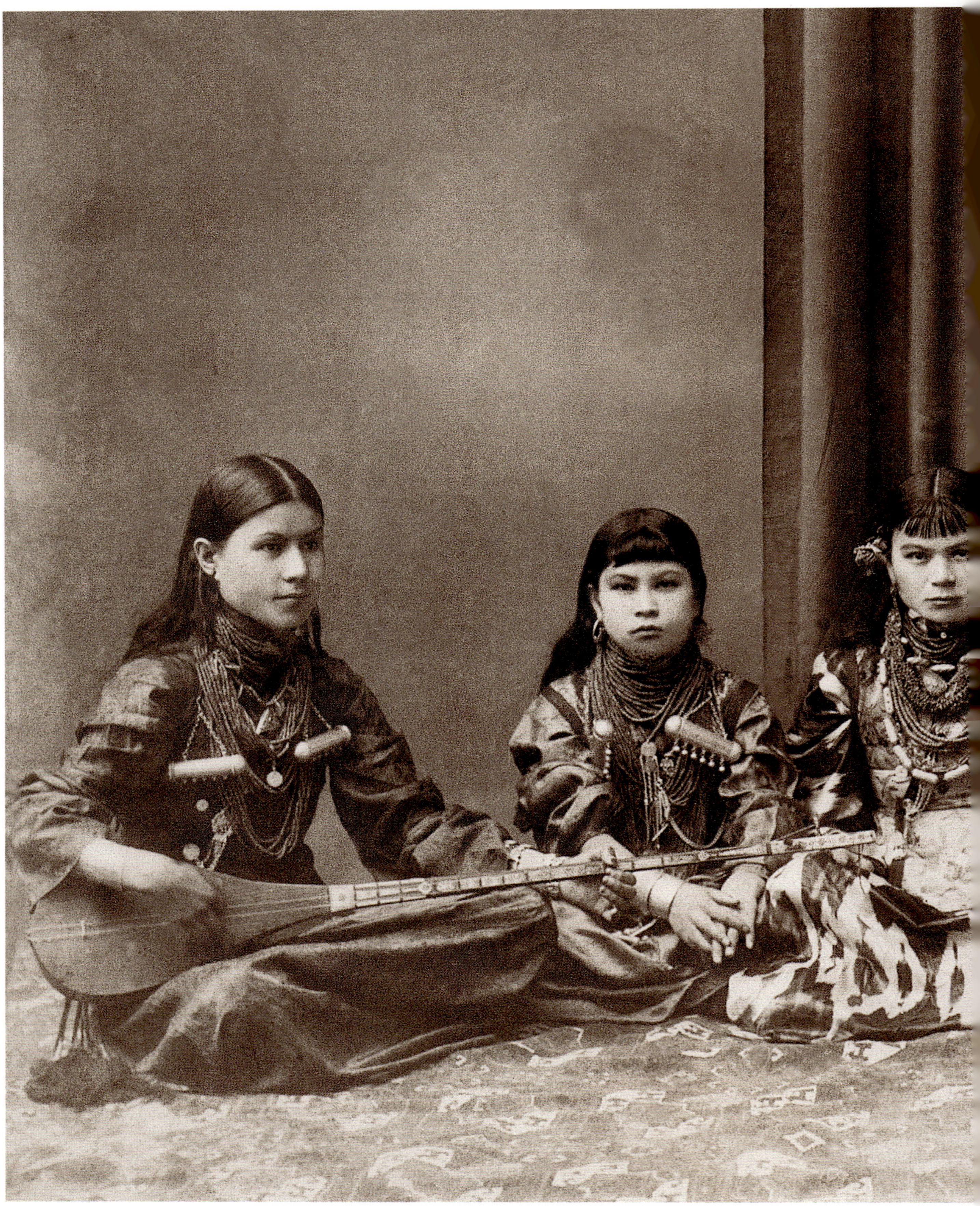

Hivalı kızlar
I.Voljinski, 1896'dan önce
Khiva girls
I. Voljinsky,
not later than 1896
Хивинские девушки
И. Волжинский, до 1896

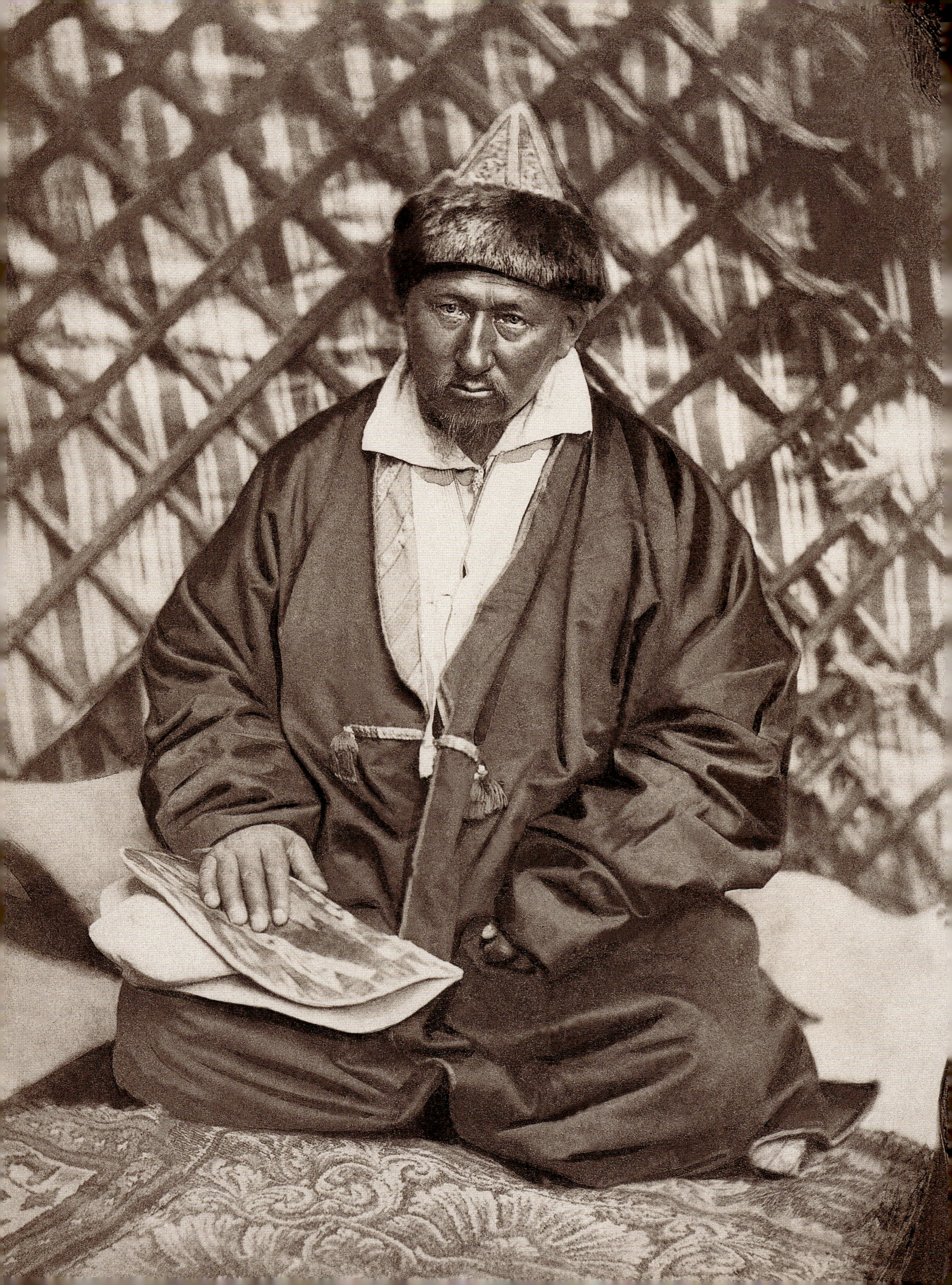

Hiva. Mat-Niyaz Divan Beyi Medresesi
G. Krivtsov, 1873
Khiva. The Mat-Niyaz divanbegi Madrassah
G. Krivtsov, 1873
Хива. Медресе Мат-Нийаз Диванбеги
Г. Кривцов, 1873

Hiva. Trans-Ural steplerindeki Çiklin ailesinden Kırgız Esat Kutebarov
A.S. Murenko, Haziran 1858
Khiva. Esat Kutebarov, a kirghiz from the Chiklin family in the Trans-Ural steppe
A.S. Murenko, June 1858
Хива. Киргиз Эсат Кутебаров из семьи Чиклина в Трансуралском степи.
А. С. Муренко, июнь 1858

Hiva. Kelte Minar. Temel çapı 14.2 m. olan minarenin 70 m. yüksekliği ile Orta Asya'nın en büyük minaresi olması planlanmıştı. Muhammed Emin Han'ın 1855'te ölümüyle yapımı yarım kalmış ve o zamandan beri "kısa" olarak bilinmiştir.
G. Krivtsov, 1873

Khiva. Kalta-Minar. With a diameter of 14.2 meters at its foundation, this minaret was to become the highest minaret of Central Asia, with a height of 70 meters. Because of the death of Mohammad Amin-Khan in1855, it was not completed and since then it's called "short".
G. Krivtsov, 1873

Хива. Келте-Минар. Планирован, чтобы был самым высшим минаретом в Средней Азии, высотой 70., диаметром 14.2 м. Но после того, как Мухаммед Рахим Хан умер в 1855г. Келте Минар остался незаконченным и с тех пор получил название "короткий".
Г. Кривцов, 1873

Hiva. Kelte Minar
Ergun Çagatay, 1993
Khiva. Kalta-Minar
Ergun Çagatay, 1993
Хива. Келте-Минар
Эргун Чагатай, 1993

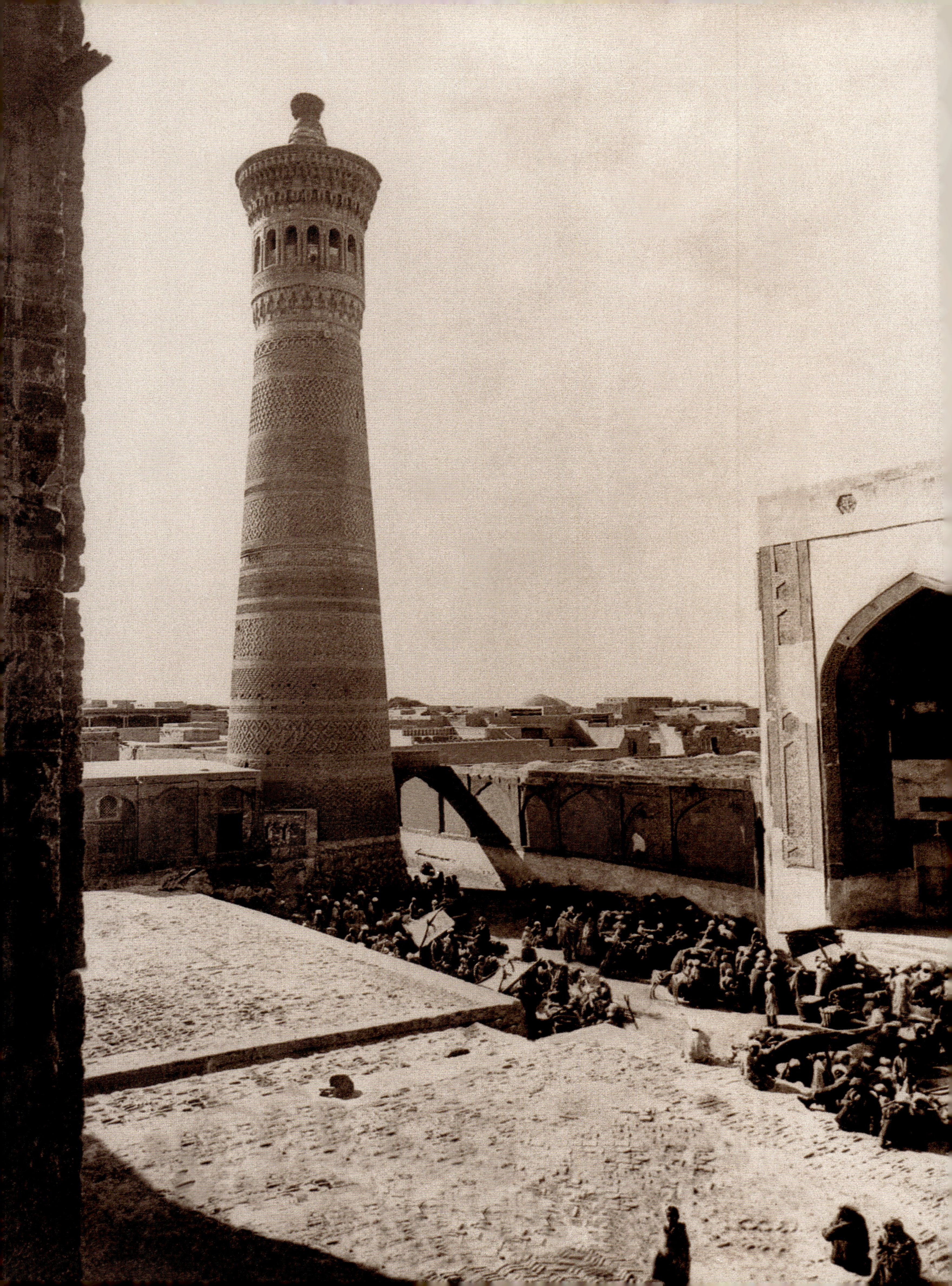

**Karşı sayfa
Buhara. Kalyan Minaresi
P. Nadar, 1870**
*Opposite page
Bukhara. The Kalyan
Minaret
P. Nadar, 1870*
**Соседняя страница
Бухара. Минарет Калян
П. Надар, 1870г.**

**Buhara. Kalyan Minaresi
Ergun Çağatay, 1993**
*Bukhara. The Kalyan
Minaret
Ergun Çagatay, 1993*
**Бухара. Минарет Калян
Эргун Чагатай, 1993**

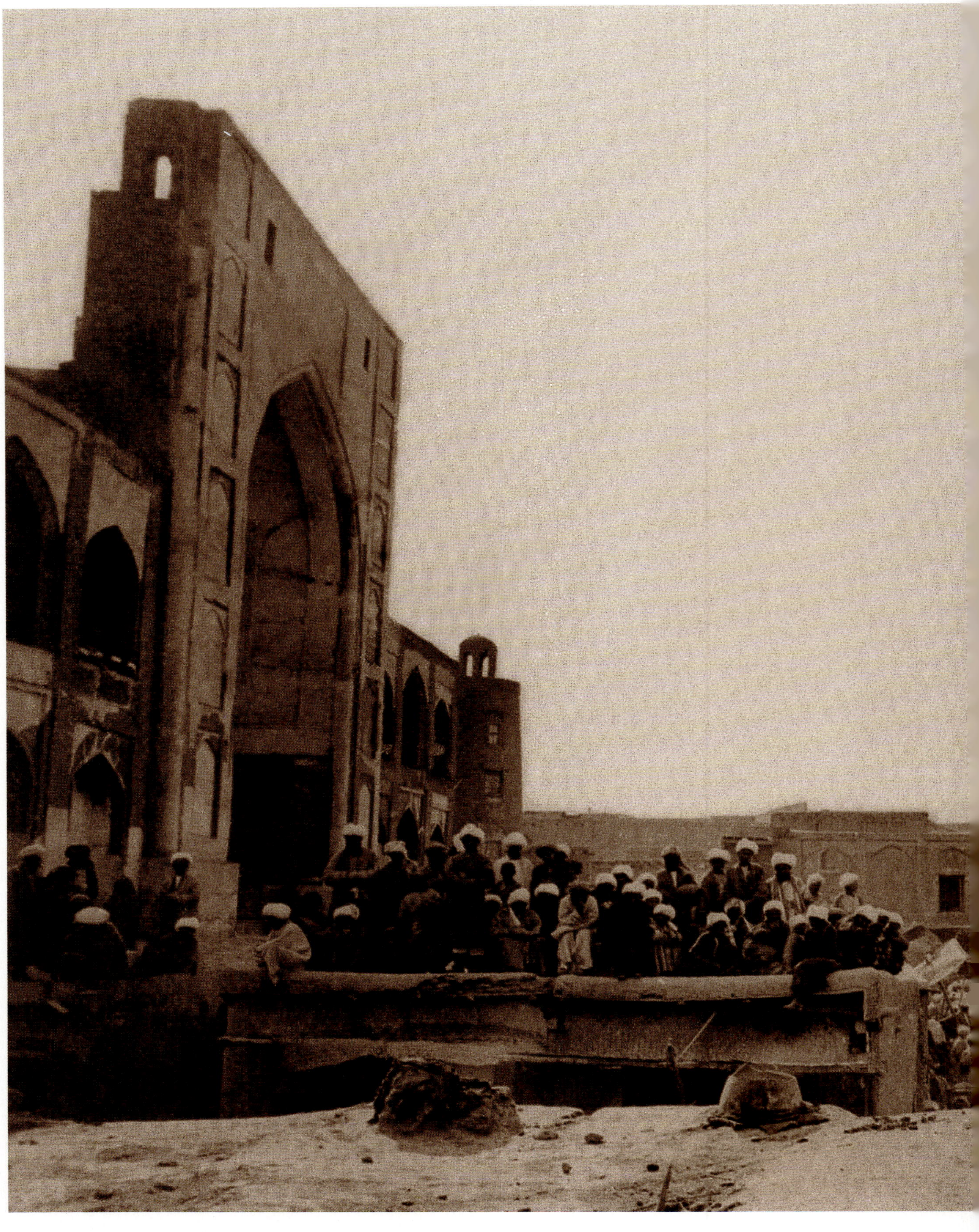

Buhara. Miri Arab
Medresesi, Kalyan
Minaresi ve Camisi
P.Nadar, 1870
*Bukhara. The Mir-i Arab
Madrassah, the
Kalyan Minaret and the
Kalyan mosque
P.Nadar, 1870*
**Бухара. Медресе мири
Араб, минарет Калян и
мечеть Калян
П. Надар, 1870**

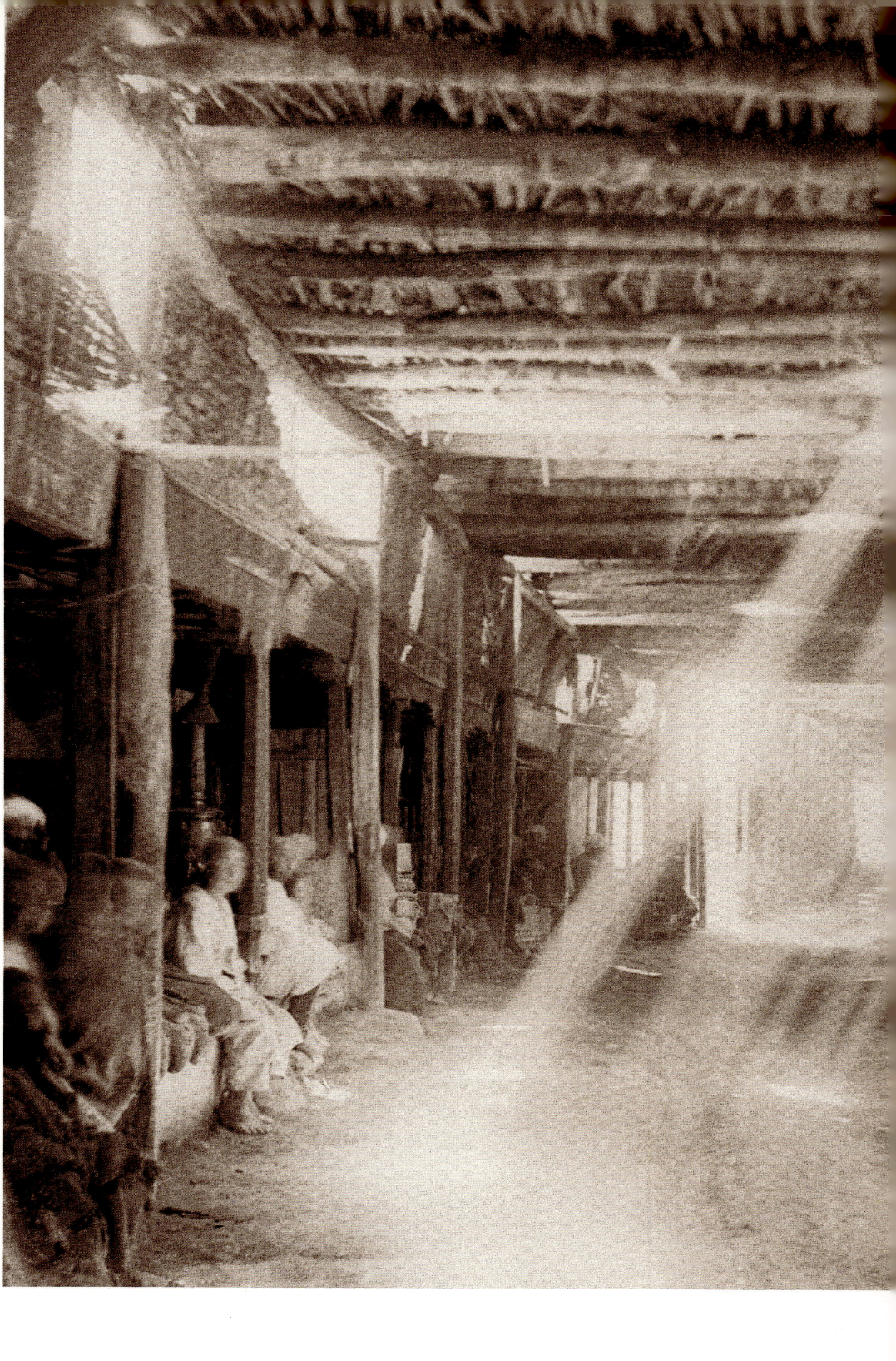

Buhara. Kapalı Çarşı
M. Hordet, 1880'ler
Bukhara. The covered bazaar
M. Hordet, 1880s
Бухара. Крытый базар
М. Хордет, 1890-е годы

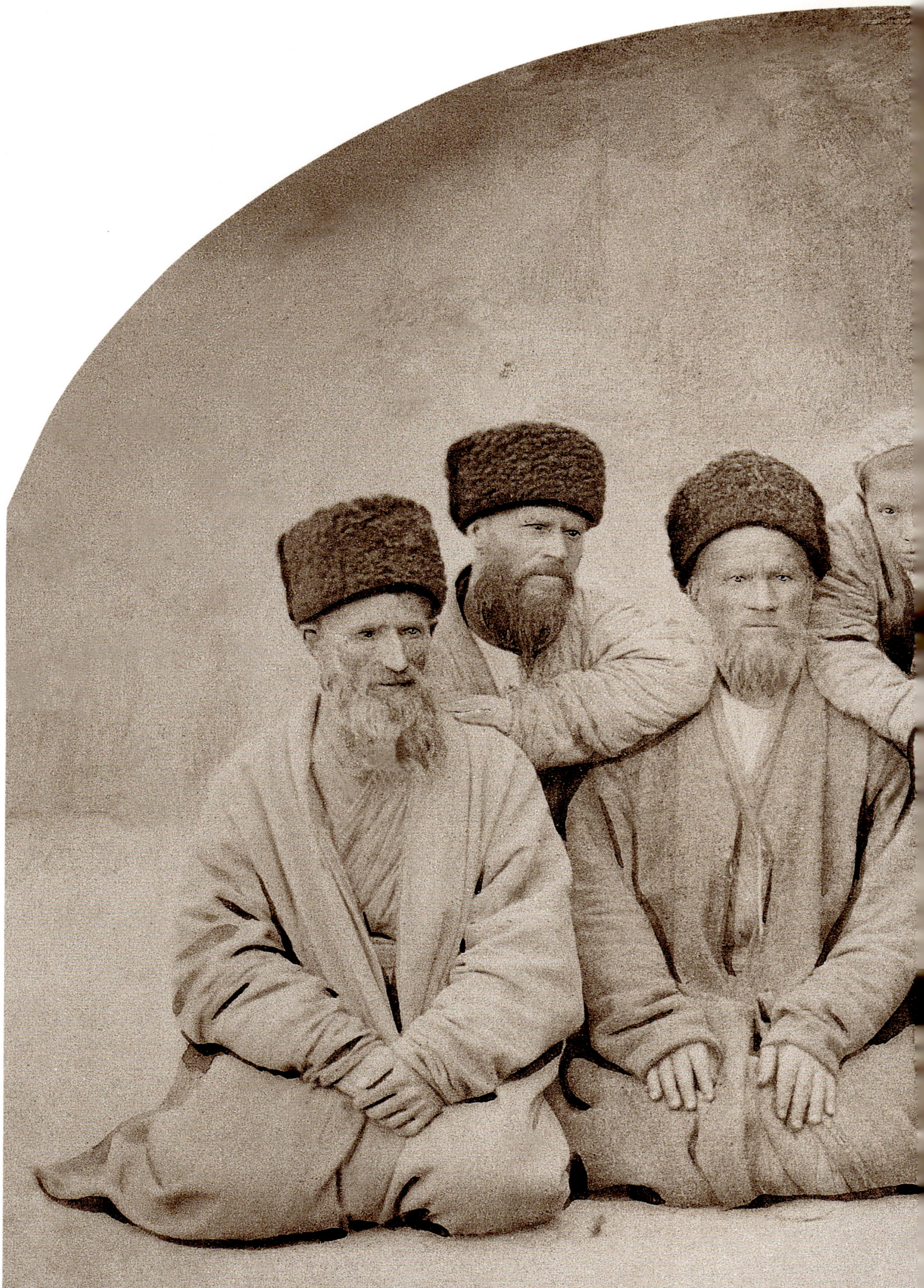

Buhara. 1858'de hükümet
tarafından salıverilen
Rus savaş esirleri
yerli bir çocukla
A. S. Murenko, 1858
*A portrait of the Russian
prisoners of war, freed by the
goverment in Bukhara in
1858, with local boy*
A. S. Murenko, 1858
**Бухара. Русские
военнопленные,
освобожденные
правительством 1858г.,
с местным мальчиком
А. С. Муренко, 1858**

Semerkand. Mazum-u
Azam Kompleksindeki
caminin girişi
G. Pankratyev, 1894
(Tam yüz yıl arayla farklı
yerlerde çekilen iki
fotografın bakış açısının
benzerliğini ilginç bularak
sayfalarımızda yanyana
kullandık.)
*Samarkand. The Magzum-i
Agzam complex.
The entrance to mosque in it
G. Pankratyev, 1894
(We found it interesting,
therefore included among our
pages, that two
photographers hundred years
apart have the similar view
photographing two different
sites.)*
**Самарканд. Комплекс
Магзум-у Агзам. Вход
мечети Магзум-у Агзам
Г. Панкратьев, 1894
(Мы положили рядом две
фотографии, поскольку
интересно, что точки
зрения фотографий,
снятых с разницей
времени на ровно сто лет,
похожи на друг друга)**

Buhara.Bala Havuz Camisi
Ergun Çagatay, 1994
*Bukhara. The Bala
Havuz Mosque*
Ergun Çagatay, 1994
Бухара. Мечеть Бала Хавуз
Эргун Чагатай, 1994

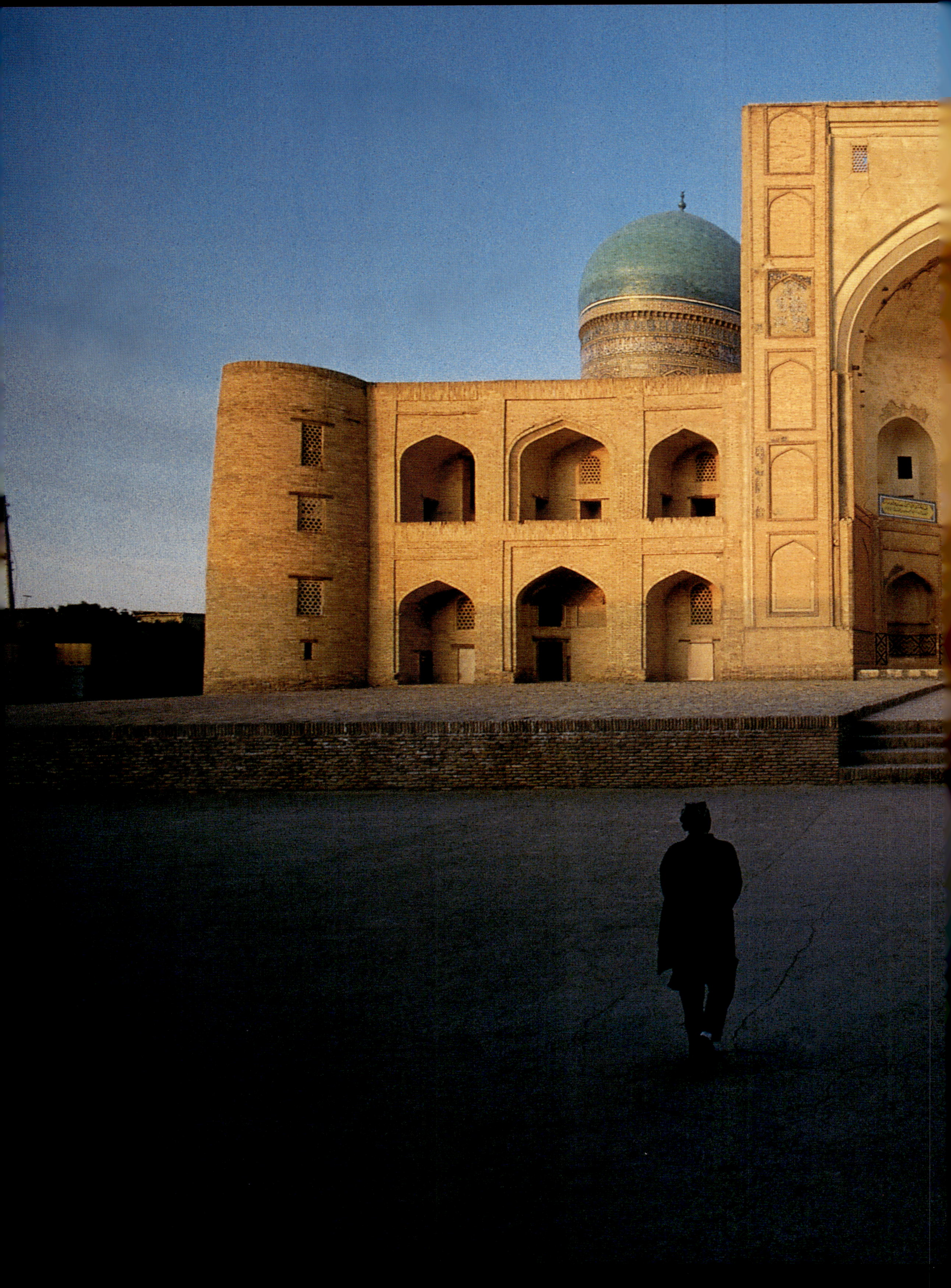

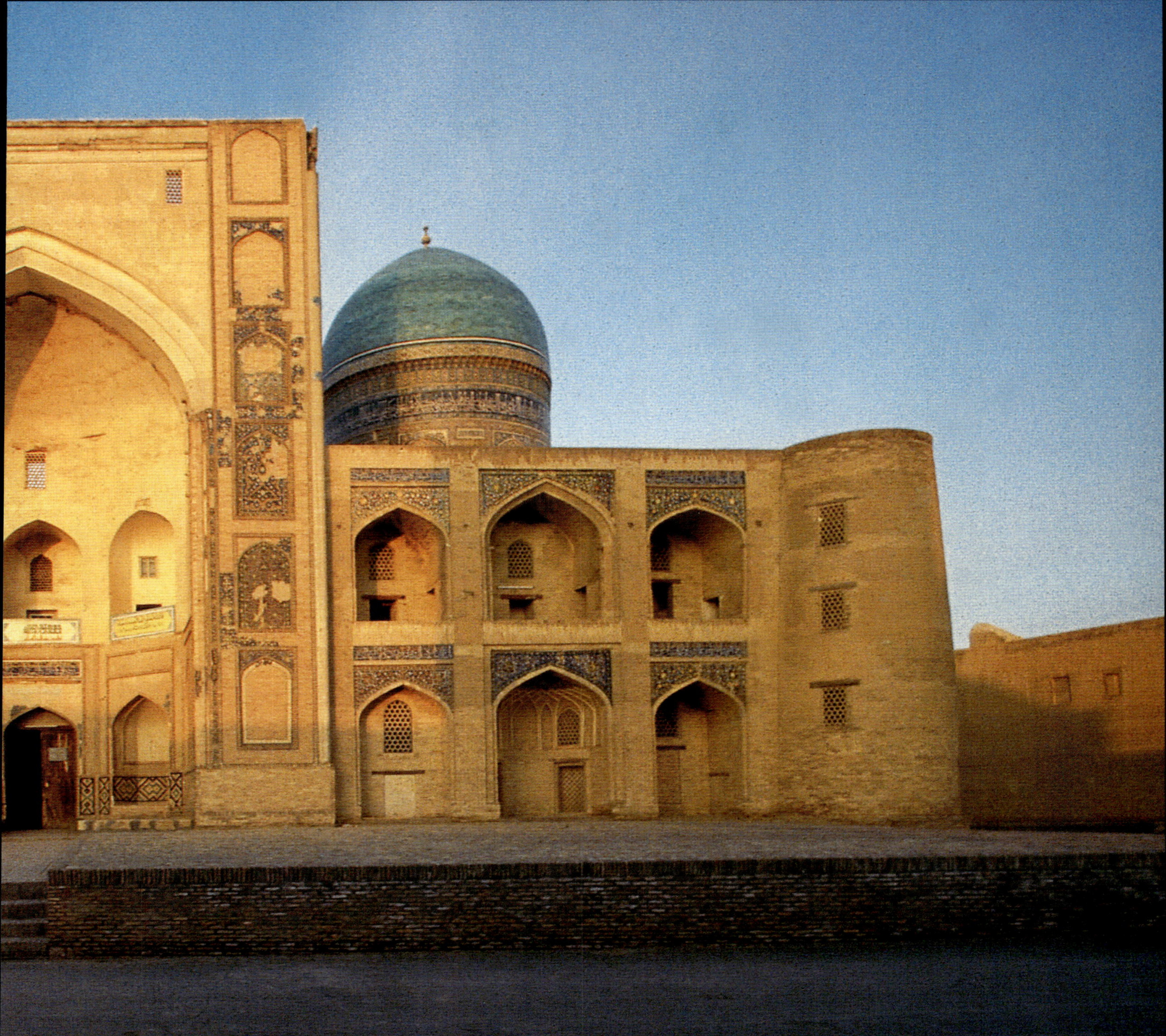

Buhara. Falaka
Tarih ve fotoğrafçı bilinmiyor
Bukhara. Punishment
Date and photographer unknown
Бухара. Фалака (орудие наказания)
Фотограф и дата неизвестны

Önceki sayfalar
Buhara. Mir-i Arab Medresesi
Ergun Çagatay, 1993
Previous pages
Bukhara. The Mir-i Arab Madrassah
E. Çagatay, 1993
Предыдущие страницы
Бухара. Медресе Мири Араб
Эргун Чагатай, 1993

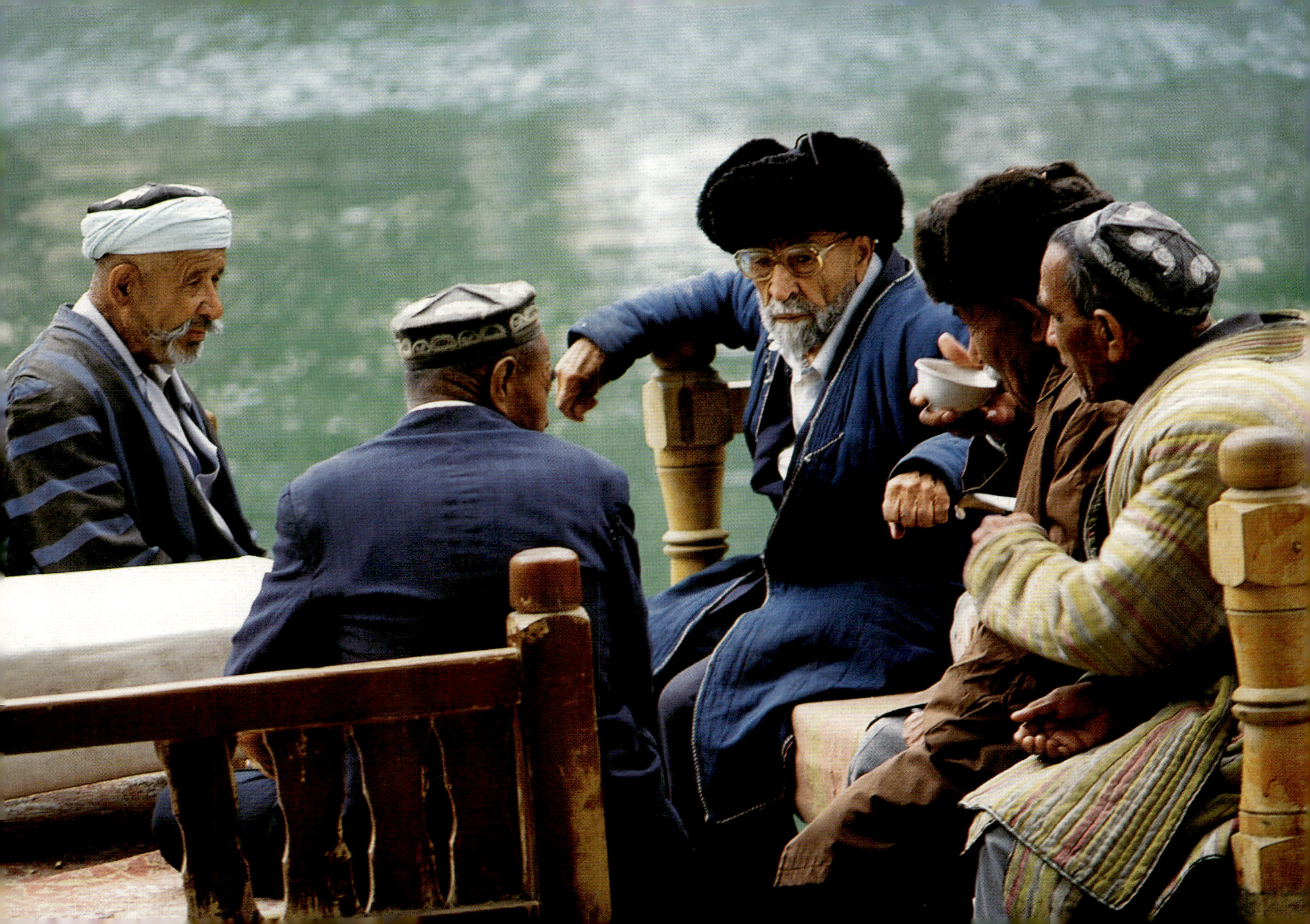

Buhara. Sartlı kadınlar
M. Hordet, 1880'ler
Eski Türkçede "tacir" anlamına gelen "Sart" kelimesi Orta Asya'da çok farklı anlamlarda kullanılmıştır. Genellikle, köylüler hariç, şehirlerde yaşayan yerleşik halka "sart" denirken, Buhara ve Kokand'ta tam tersine, şehirli ve çiftçi halkın dışındaki göçebe halka "sart" denirdi. Ayrıca İran kökenli Türkleşmiş halka ve göçebelerle alışveriş yapan İranlılar için de bu ad kullanılırdı.
Bukhara. Sart women
M. Hordet, 1880s
The term "sart", which has the connotation "merchant" in Old Turkish, is used in various senses in Central Asia. While, in general, the term "sart" is applied to the settled population in the towns and citiez but not to the villagers, in Bukhara and

Khokand it is exactly the opposite, the term "sart" being applied there no the nomadic population, but not to the urban population or farmers. The term was also used for the Turkicised people of Iranian extraction and to Iranians who dealt with the nomads.

Бухара. Сартянки
М. Хордет, 1880-е годы
Слово "сарт", которое имеет значение на старинном тюркском языке "торговец", в Средней Азии были употреблены в различных значениях. Сартом назывался обычно оседлый народ, живший в городах кроме крестьян. А в Бухаре и Коканде, наоборот этого, сартом был кочевой народ кроме жителей городов и землепашцев. Кроме этого сартом называли отуречившегося народа родом из Ирана и иранцев, которые торговали с кочевниками.

Buharalı kadın
M. Hordet, 1880'ler
A woman of Bukhara
M. Hordet, 1890s
Бухарская женщина
М. Хордет, 1880-е годы

Kulca. Kadınlar ve çocuk
M. Hordet, 1880'ler
Women of Kulca and child
M. Hordet, 1890s
Женщины из Кульджи и мальчик
М. Хордет, 1880-е годы

Кульджа таранчинки
№ 1439.

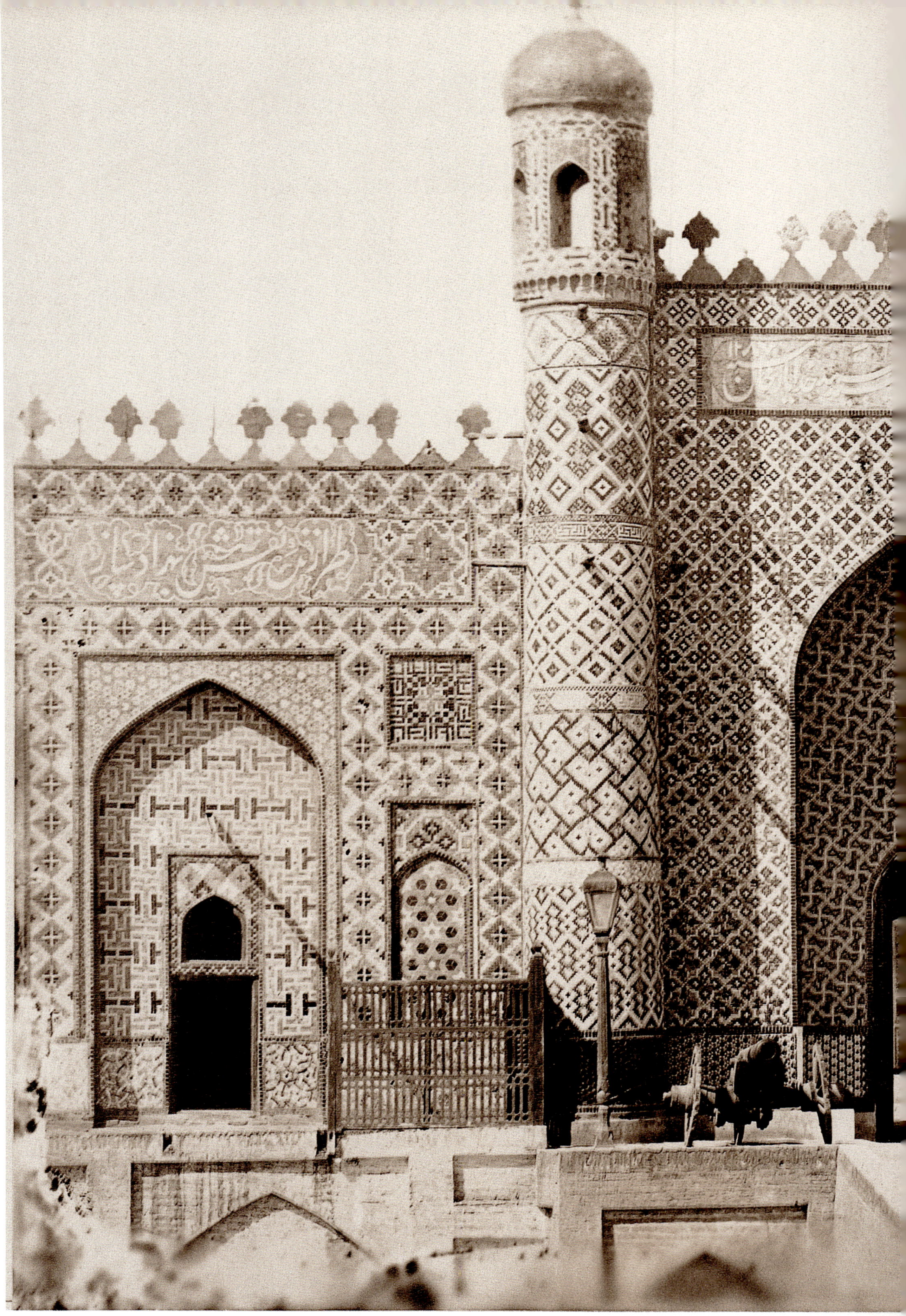

Kokand. Han Sarayı
V. Kozlovski, 1890'lar
Khokand. The khan's palace
V. Kozlovsky, 1890s
Коканд. Вид дворца хана
В. Козловский,
1890-е годы

Kokand: Han Sarayının genel görünüşü
V. Kozlovsky, 1890'lar
Khokand. A general view of the khan's palace
V Kozlovsky, 1890s
Коканд. Общий вид дворца хана
В. Козловский, 1890-е годы

Kokand. Han Sarayı
M. Hordet, 1880'ler
Khokand. Khan's palace
M. Hordet, 1890s
Коканд. Дворец Хана
М. Хордет, 1890-е годы

Kokand. Hanın karısı
M. Hordet, 1880'ler
Khokand. The wife of the khan
M. Hordet, 1890s
Коканд. Жена хана
М. Хордет, 1880-е годы

Kokandlı kadın
Hordet, 1880'ler
A woman of Khokand
Hordet, 1890s
Кокандская женщина
Хордет, 1880-е годы

81

Türkmenistan. Askabat. Pazar
Ergun Çagatay, 1995
Turkmenistan. Ashkabad. The market
Ergun Çagatay, 1995
Туркменистан. Ашкабат. Рынок
Эргун Чагатай, 1995г

Özbekistan. Buhara. Pazar
Ergun Çağatay, 1995
Turkmenistan. Bukhara. The market
Ergun Çağatay, 1995
Туркменистан. Бухара. Рынок
Эргун Чагатай, 1995г

Türkmenistan.
Ekmek yapan kadın
Tarih ve fotoğrafçı
bilinmiyor
Turkmenistan.
Woman making bread
Date and photographer
unknown
Туркменистан.
Женщина,
готовящая хлеб
Фотограф и дата
неизвестны

Karşı sayfa
Türkmenistan. Pazar
Tarih ve fotoğrafçı
bilinmiyor
Opposite page
Turkmenistan. The market
Date and photographer
unknown
Напротивная странива
Туркменистан. Рынок
Фотограф и дата
неизвестны

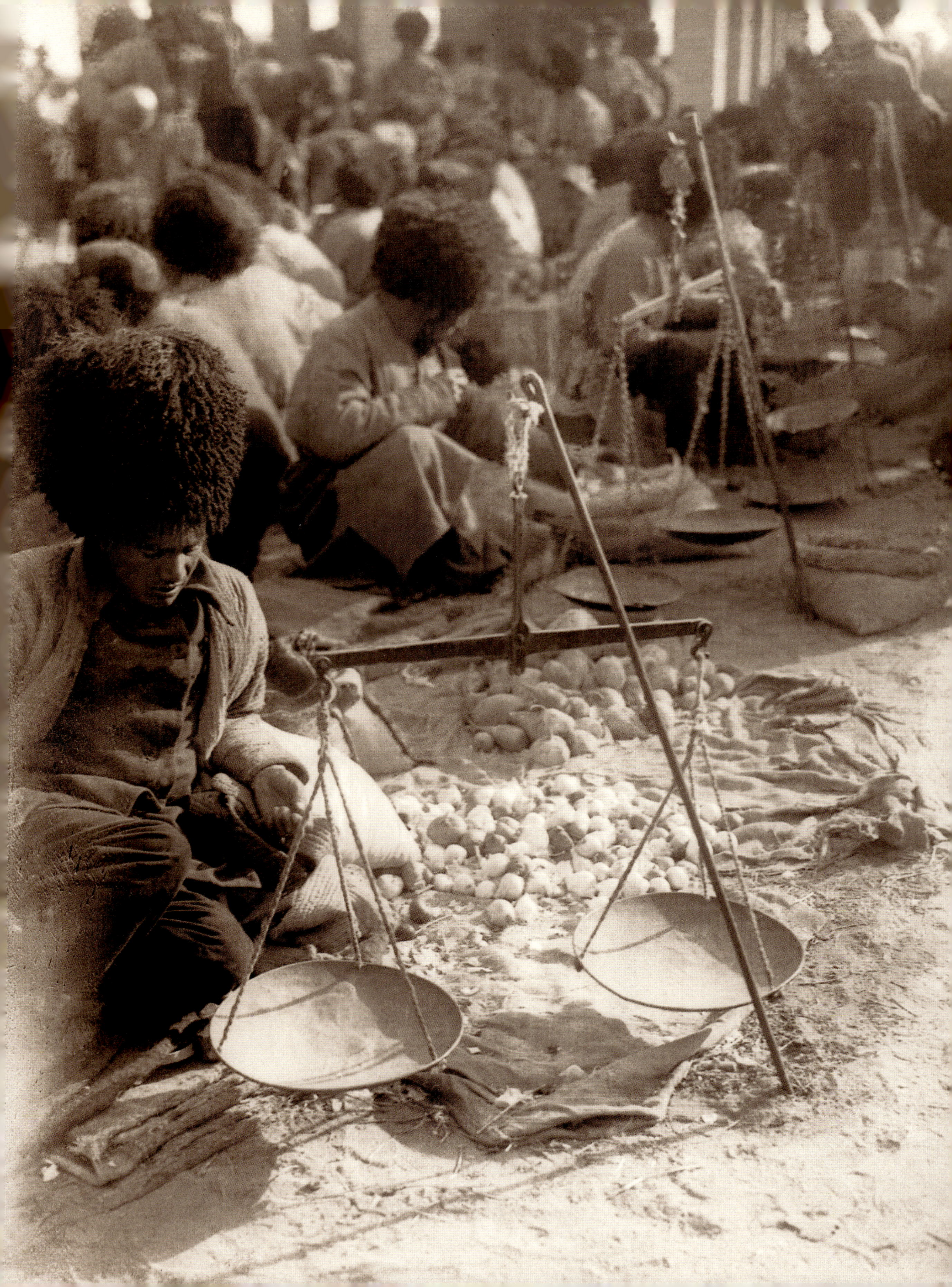

Özbekistan. Bey ve haremi
Fransız fotoğrafçı
M. Hordet'in kolajı,
tarih bilinmiyor.
Fotoğrafa dikkatle
bakıldığında bir
fotomontaj olduğu
farkedilir. Kadınlar ayrı
ayrı çekilmiş ve Han'ın
resmine monte edilmiştir.
Muhtemelen kadınlar aynı
kadındır.
Uzbekistan.
The beg and his harem
The date of the collage by the
French photographer
M. Hordet is unknown.
A careful examination of the
photograph shows that it is a
photomontage. The women
have been photographed
separately and the
photographs mounted
against the picture of the
Han. The women may,
in fact, have been the
same woman.
Узбекистан.
Бей со своим гаремом
Монтаж французского
фотографа М. Хордета,
дата неизвестна.
Если обратить внимание
на фотографию, то видно,
что она-монтировка трех
снимков. Фотографии
женщин были сняты
отдельно и смонтированы
на снимок хана.
Полагается, что
женщины- одинаковые.

Sonraki sayfalar
Özbekistan. Andican.
Bey Sarayı'nın içi
V. Kozlovsky, 1890'lar
Continuing pages
Uzbekistan. Andican.
An inner view of the
beg's palace
V Kozlovsky, 1890s
Последующие страницы
Узбекистан. Андиджан.
Внутренний вид
дворца хана
В. Козловский,
1890-е годы

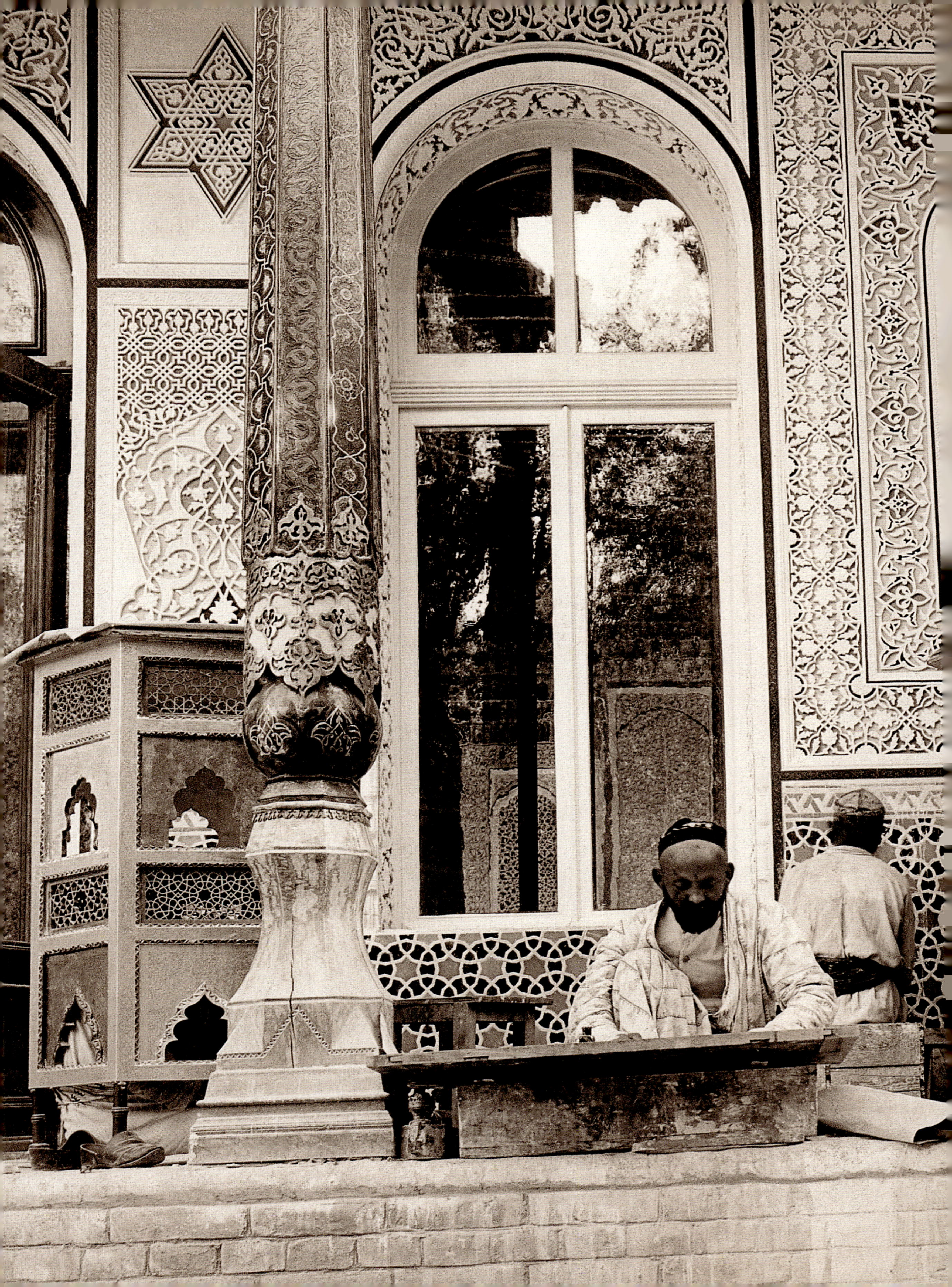

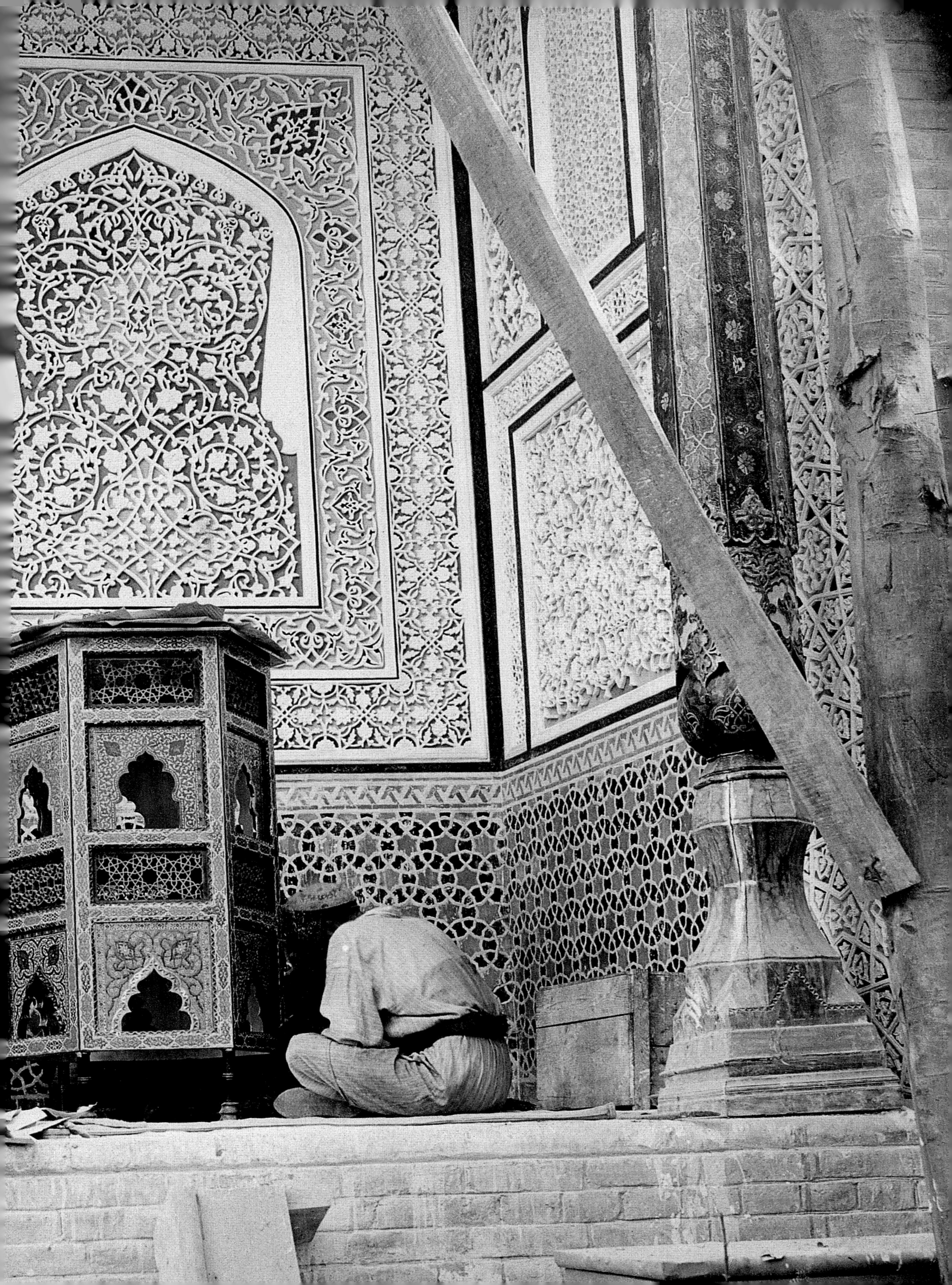

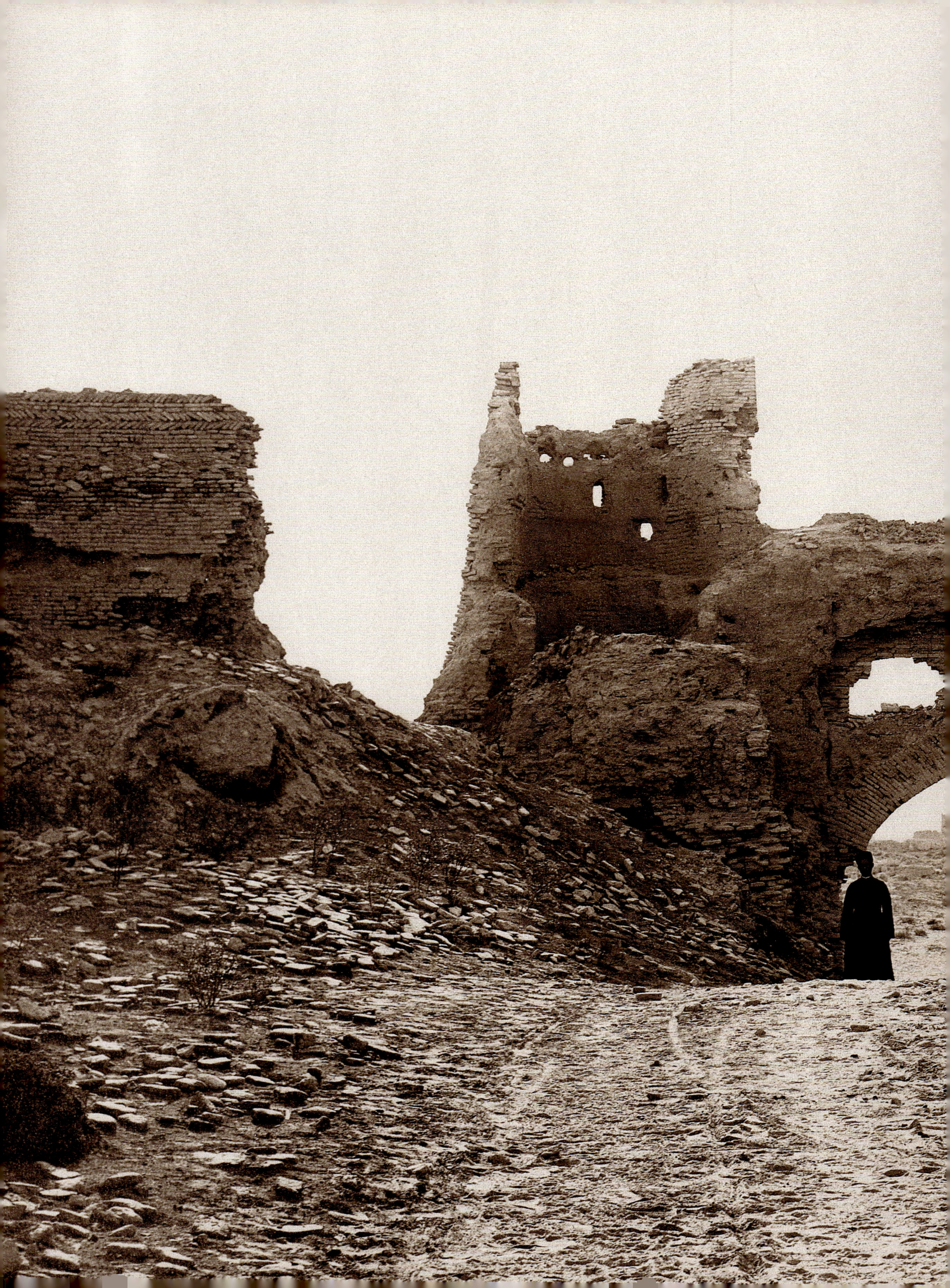

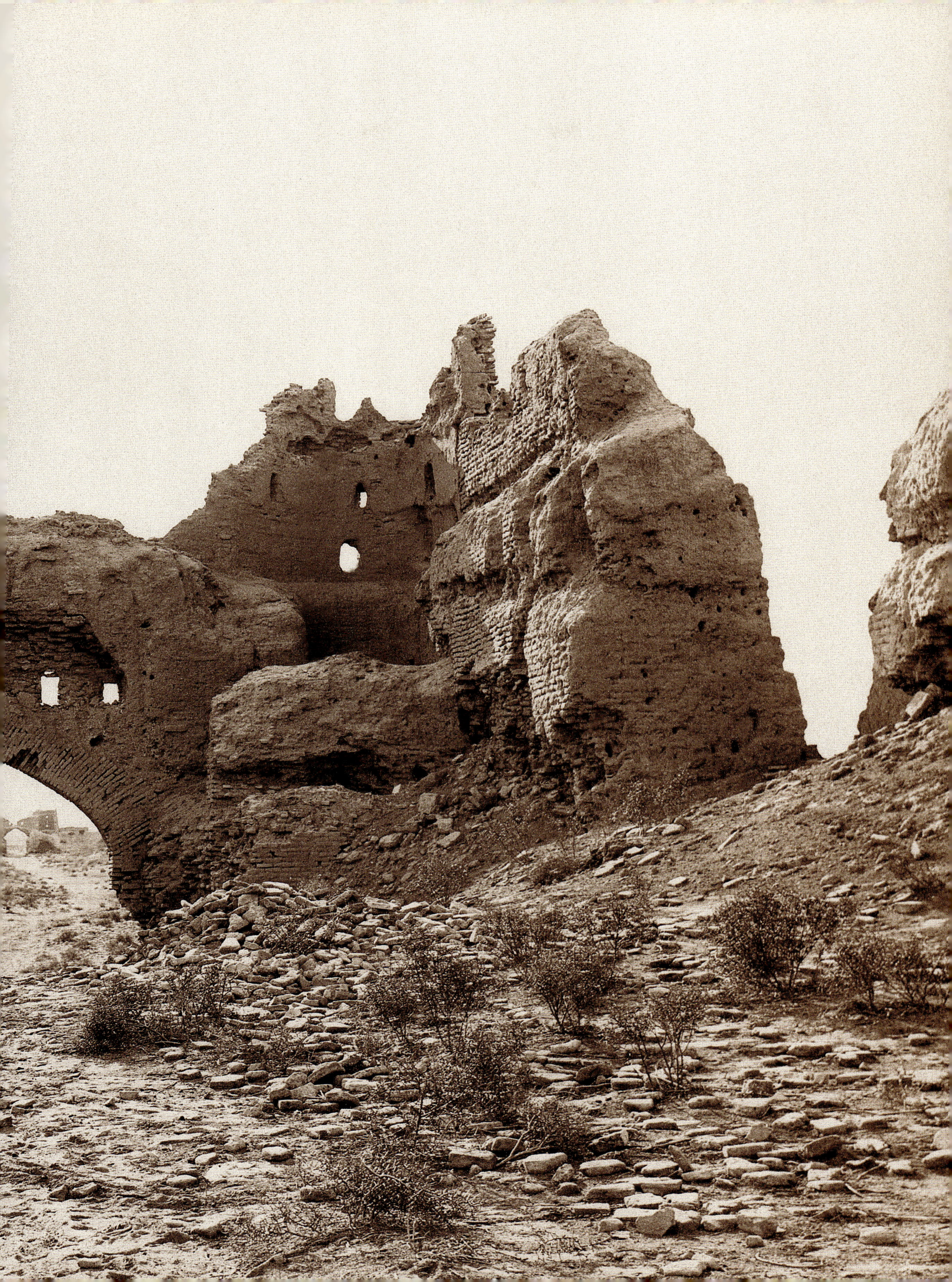

Önceki sayfalar
Türkmenistan. Merv.
Abdülhan Kalesi'nin
surları ve sarayı
Güneyden görünüş
P. Nadar, 1893
Previous pages
Turkmenistan. Merv.
The Abdulkhan fortress
and palace,
view from the South
P. Nadar, 1893
Предыдущие страницы
Туркменистан. Мерв.
Южный вид со дворцом и
стенами крепости
Абдулла-хан-кала
П. Надар, 1893г

Türkmenistan. Merv.
Abdülhan Kalesi'nden
saraya giriş
P. Nadar, 1890'lar
*Turkmenistan. Merv.
Entrance to the palace from
the Abdulkhan castle*
P. Nadar, 1890s
**Туркменистан.
Мерв. Крепость
Абдулла-хан-кала
Вход во дворец
П. Надар, 1890-е годы**

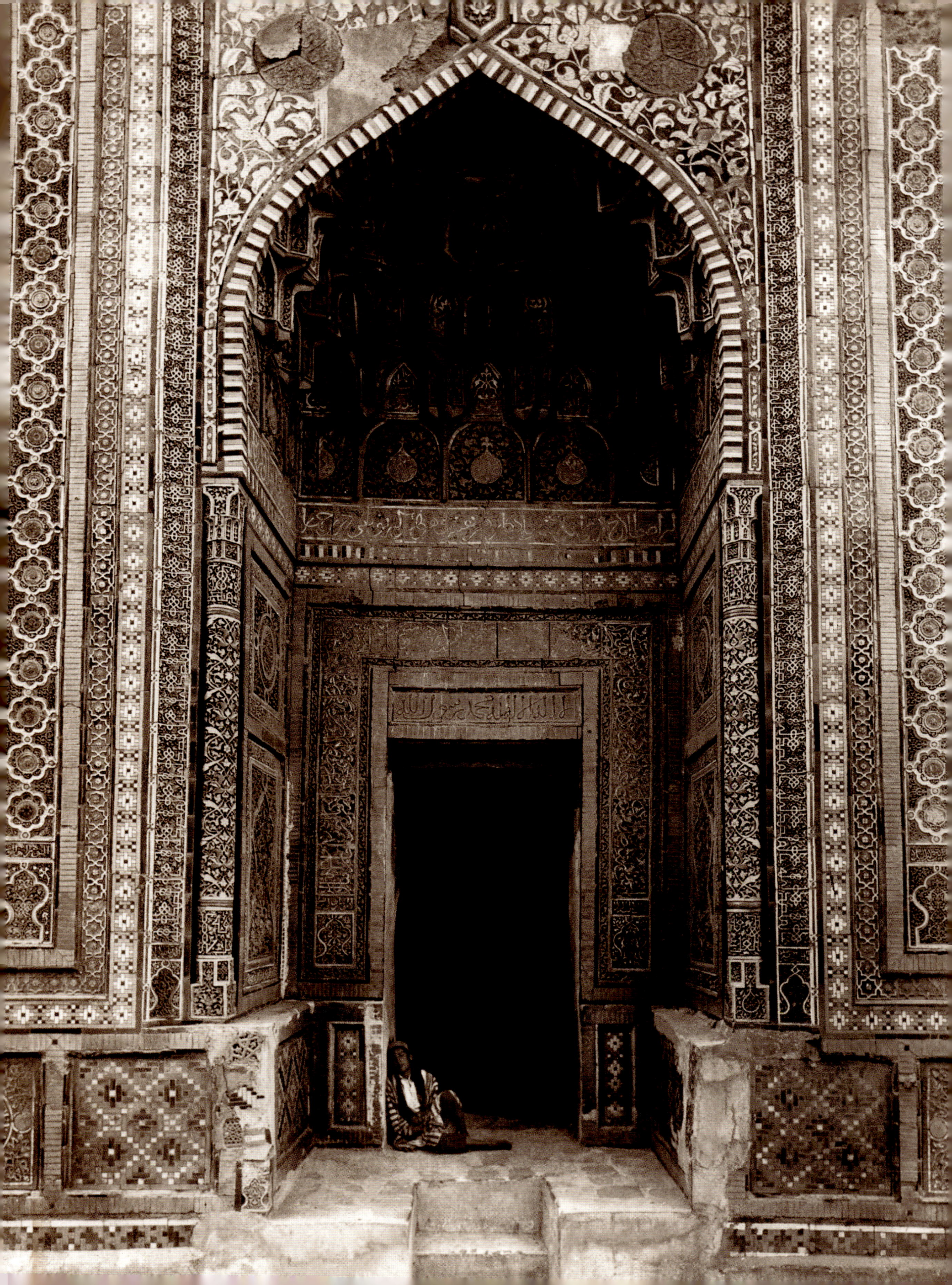

SEMERKAND

Özbekistan'ın en önemli şehirlerinden biri olan Semerkand, Amu Derya ve Siri Derya ırmakları arasında kalan Mavera Ül Nehir bölgesinde, büyük Zerevşan Vahası'nda yer alır. Altı yüz bine yakın nüfusuyla şehir, bugün Orta Asya'nın tarım merkezi durumundadır.

25 yüz yıllık bir geçmişi olan Semerkand, ilk kez, eski Soğd boylarının otag olarak kullandıkları bir alanda kurulmuştur. İ.Ö. 329 yılında Büyük İskender'in aldığı kent, 712'de Araplar tarafından fethedilmiş; IX-X. yy.'larda Samaniler yönetiminde parlak bir dönem yaşamıştır. 1220'de Harzemşah İmparatorluğu'nun başkentiyken, Mogol hakanı Cengiz Han tarafından yakılıp yıkılan Semerkand; - eski adıyla Marakanda - Hindistan'dan Rusya'ya, Çin'den Akdeniz'e kadar uzanan topraklara hükmeden Timur'un imparatorluğuna 1369'da başkent olunca; yeniden canlanarak üç yüz yıl süreyle en parlak dönemini yaşamıştır. Mogol saldırılarından çok fazla zarar gören Buhara, Hiva ve Kokand hanlıklarından bugüne; en az bozulmuş olarak ulaşan, Buhara Hanlığı emirliği Semerkand; Timur döneminde İslamı öğrenme ve mimari merkezi haline gelerek olağanüstü güzellikte yapılarla süslenmiştir.

19. yy. fotoğraflarından oluşan "Bir Zamanlar Orta Asya" sergisinde, daha çok Semerkand fotoğrafı bulunduğu için Buhara Hanlığı'nın bir parçası olan Semerkand'ı ayrı olarak ele aldık.

16. yy'da Özbek Hanı Şeybak, Timur Sülalesinin Semerkand'taki hanedanlığına son vererek topraklarını genişletmiştir. Semerkand'ı ele geçiren Özbekler, başkentlerini Buhara'ya taşımışlardır. Özbeklerin, Rus boyunduruğuna girmeleriyle; Semerkand şehri 1868'de Rusların eline geçmiş ve Türkistan genel yönetim bölgesine katılmıştır. 1924'ten 1930'a kadar Özbekistan SSC'nin başkenti olmuştur.

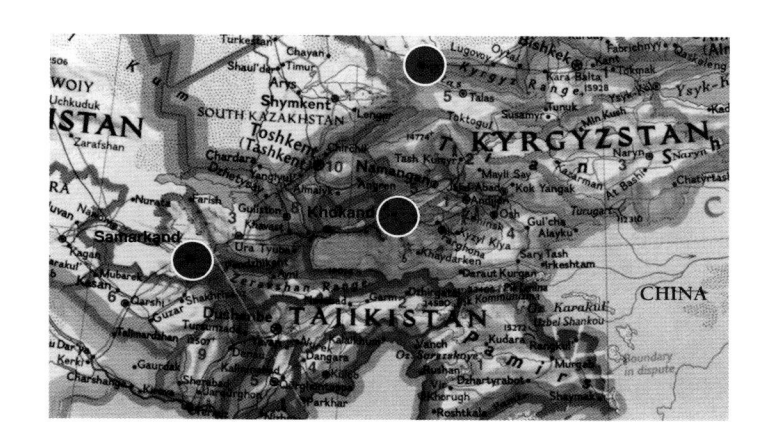

Semerkand; Buhara ile birlikte 8. yy.'dan başlayarak Mavera Ün Nehir'in en önemli kültür, ticaret ve din merkeziydi. Orta Asya'nın en eski kentlerinden biri olan Semerkant'ta Türklerin, İranlıların, Arapların yönetimleri sonucu; kültürlerin bileşimi oluştu.

Semerkand'ta Timurlu mimarlığının önemli yapıtları bulunmaktadır. Timur'un; Bagı Dilküşa adı verilen, bir bahçe içinde yaptırdığı sarayının duvarları Hindistan savaşlarını betimleyen resimlerle bezenmiştir. Kentin en önemli mimari yapıları; Şah-ı Zinde Kompleksi, Gur Emir Türbesi ve Bibi Hanım Camisi'dir. Ünlü Registan Meydanı'nın üç yanında Uluğ Bey, Şir Dar ve Tilla Kari medreseleri yer alır. Hazret-i Hizre Camisi, Hacı Abdi Türbesi, Çoban Ata Türbesi diğer önemli yapılar arasındadır.

İlk ve Orta Çağlarda Batı ile Çin ve Hindistan arasındaki ticaret yolları üzerinde önemli bir konaklama yeri olan kent, çok canlı bir ticaret merkeziydi. Semerkand'a ilk dönemlerden beri, su kemerleri, hanlar, hamamlar yapılmıştır.

Semerkand. Şah-ı Zinde kompleksinde bir türbe kapısı. I. Vvedenski, 1894-1897
Samarkand. The Shah-i Zindah complex The portal of the entrance in the South. I. Vvedensky, 1894-1897
Самарканд. Южный вход комплекса Шахи Зинда. И. Введенский, 1894-97гг.

Timur'un, büyük astronom ve matematikçi torunu Ulug Bey zamanında kent; önemli bir bilim merkezi haline gelmiştir. Ulug Bey; bilim tarihine 'Semerkant Rasathanesi' ya da 'Ulug Bey Rasathanesi' olarak geçen rasathaneyi ve dönemin en iyi eğitimini vererek önemli bilim adamları yetiştiren medreseyi yaptırmıştır. Bilim tarihine "Yıldızlar Kataloğu" olarak geçen; günümüz bilim dünyası tarafından kendisine '15. yy. Astronomu' ünvanının verilmesine neden olan eserini burada yazmıştır.

Şah-ı Zinde Kompleksi

Semerkand'ın kuzeyinde ünlü Afrazyab kentinin kalıntıları bulunmaktadır. XIII. yy.'da Moğol istilalarıyla ortadan kalkan bu kentin, üzerinde bulunduğu tepenin güney yamacında basamaklı bir yolun iki yanında bulunan Şah-ı Zinde Kompleksi, sadece toprak üzerindeki kısmıyla; çeşitli yüzyıllarda yapılmış yirmi kadar cami, türbe ve medreseden oluşmaktadır.

İlk yapılar; Orta Asya'ya İslamı getiren ve Hazreti Muhammed'in kuzeni olan Kusem İbn Abbas'ın, mezarı farzedilen yerde XI. yy.'ın başlarında yapılmıştır. Kompleksin girişini oluşturan taçkapı 1434'te Ulug Bey tarafından yaptırılmıştır. Komplekste bulunan türbelerde Timur'un ailesi ve yakınları yatmaktadır; Emirzade Türbesi (1386), Kutluk Türkan Aka Türbesi (1371), Sirinbek Aka Türbesi (1385) gibi. Türbelerden bazıları isimsizdir; kimlere ait oldukları bilinmemektedir. Selçuklu cami ve medreseleri gibi kubbeli ve taçkapılı olan yapılarda; turkuvaz mavisi, beyaz, siyah, sarı ve yeşil renkli çini mozaikler kullanılmıştır.

Kompleksin sonunda, bu topluluğun muhtemelen ilk yapısı olan Kusem İbn Abbas'ın türbesi (1335) bulunmaktadır. Kusem İbn Abbas'ın hala burada canlı olarak yattığına inanılmaktadır. İlk Müslüman grupla Orta Asya'ya gelen Kusem İbn Abbas, yandaşları öldükten sonra uzun süre bir mağarada yaşamıştır. Bu mağaranın bulunduğu yere yapılan bu türbeye halk, aynı zamanda kompleksin de adı olan ve "canlı şah" anlamına gelen Sah-ı Zinde adını vermiştir.

Sah-ı zinde Orta Asya Müslümanlarının hayatında önemli bir rol oynamıştır. Bir taraftan bir nevi hac yeri olurken bir taraftan da adı gizem ve efsanelerle anılmıştır.

Gur Emir Kompleksi

En sevdiği torunu ve veliahtı Sultan Muhammed'in 1403'te Küçük Asya Seferinden dönerken hastalanarak ölmesi üzerine; Timur, bizzat torununun yaptırdığı Sultan Muhammed Medresesi'nin yanına bir türbe yapılması emrini vermiştir. Ancak, iki yıl sonra kendisinin de Çin Seferinde hastalanarak ölmesiyle; bu türbe kendi türbesi olmuş ve torununun yanına gömülmüştür. Bu nedenle komplekse "hükümdarın mezarı" anlamına gelen Gur Emir denmektedir. Daha sonraları, Timur'un, kendisine ait türbesi bulunan Ulug bey dışındaki diger ünlü ogulları ve torunları da bu türbeye gömülmüşlerdir.

Kompleksin her yerden görülebilmesi için 34 m yüksekliginde yapılan görkemli kubbe Semerkand'ın simgesi haline gelmiştir. Komplekse giden giriş yolunu 1434'te Ulug Bey yaptırmıştır.Türbenin ana bölümünde Hanedanın ünlülerine ve üst düzey görevlilerine ait sembolik lahitler vardır. Timur'un lahitinde bulunan yeşim taşları, 1425'te zaferle biten Mogol Seferinden dönerken Çin'den alınmıştır. Timur'un asıl mezarı binanın mahzen katında bulunmaktadır.

Yüzyıllardır Timur'un türbesine dua etmeye giden halk, onu mezarında rahatsız edenlerin başına felaket gelecegine inanmıştır. Türbede bulunan diger mezarlar korunamazken Timur'un mezarı; ancak Sovyet Döneminde açılmıştır. İlk olarak, 1740'lı yıllarda Orta Asya'nın denetimini ele geçiren Pers Lideri Nadir Şah'ın açmak istedigi; ama vazgeçmek zorunda kaldıgı bilinmektedir. Stalin'in emriyle 21 Haziran 1941'de mezarı açan Profesör Gerasimov; Timur'un gerçekten de kızıl sakallı, bir Tatara göre daha uzun boylu, sag ayagı ile kolunun kusurlu oldugunu saptamıştır. Özbek halkına göre, aynı gün Hitler'in Sovyetler Birligi'ne savaş ilan etmesi bir rastlantı degildir.

Bibi Hanım Kompleksi

Belki de Semerkand'ın en görkemli ve en etkileyici yapısı Bibi Hanım Kompleksidir. Komplekste bulunan cami sadece Orta Asya'nın degil, bütün Müslüman dünyasının en büyük camisidir.

Çin seferinden başarıyla dönen Timur, Çin imparatorunun kızı olan en gözde eşi Saray Mülk Hanım adına, İslamın yayılmasında etkili olan Semerkand pazarının yanında bir cami yapılmasını buyruk vermiştir (1385). Bu iş için Dogunun bütün mimarları, sanatçıları, zanaatkarları çagrılmış; taşıma işinde kullanılmak üzere Hindistan'dan çok sayıda fil getirtilmiştir. 40 km. uzaklıkta bulunan mermer ocagından kesilen sütunlar fillerle Semerkand'a taşınmış ve üç ayda minarelerin yapımı tamamlanmıştır. Hemen bitişikte bulunan pazarın sıkıntı verdigini farkeden Timur, yirmi gün içinde pazarın taşınmasını istemiştir. Kendisi seferdeyken yapılan giriş kapısının yeterince etkileyici olmadıgını düşüncesiyle, yıkılıp yeniden yapılmasını emretmiştir.

Bir efsaneye göre, kompleksin yapımından sorumlu İranlı mimar Saray Mülk Hanım'a sevdalıdır ve onu bir kez öpmek ister, karşılıgında da kocası seferden dönmeden caminin yapımını bitirecektir. Elbette red cevabı alır. Ancak Timur'un Merv'de oldugunu; bir haftalık yolunun kaldıgını ögrenen Saray Mülk Hanım, mimarın, yanagını peçesinin üzerinden öpmesine izin verir. Ama bu öpücük onun yanağını yakarak kara bir leke bırakır. Seferden dönen Timur, gerçeği öğrenir. Saray Mülk Hanım'ı kazığa bağlatarak yaktırır. Mimar ise binalandan birinin tepesinde yakalandığı sırada, omuzlarından kanatlar çıkar ve İran'a, Meşhed'e uçar.

Bir başka efsane ise şöyle der: Bir derviş, Bibi (Büyük) Hanım'a zehirli bir örümceğin sokmasıyla öleceğini söyler. Bunun etkisiyle Bibi Hanım Timur'dan, kendisini Müslüman adetlerine göre gömmemesini; bir tabut içine yatırılarak topraktan yüksek bir yere koyulmasını rica eder. Bunun üzerine Timur, geniş mahzenli bir medrese yaptırır. Bina bitince; Bibi Hanım medreseyi görmeye gider, bu sırada mahzenden büyük bir yılan çıkar, güneşe yatar. Hizmetkarlar hemen öldürmeye yeltenirler; ancak Bibi Hanım onları durdurur ve yılanı okşar.

Bibi Hanım, ölümünden sonra mücevherleriyle birlikte tabuta konur, mahzene indirilir. Mahzen kapağı kalın çivilerle kapatılır. İmparatoriçenin mücevherleriyle birlikte gömüldüğünü duyan birkaç hırsız mahzeni kırıp içeri girmek ister. Ancak aynı yılan karşılarına çıkar ve hırsızlar yılanı öldürürler. Ertesi gün, herkes açık mahzende ölü vücutlar görünce şaşırır. Yerdeki mücevherlerden bunların soyguncu olduğu anlaşılınca hiç kimse mücevherleri yerine koymaya cesaret edemez. Sonunda yaşlı bir adam, mücevherleri Bibi Hanım'ın vücuduna dikkatlice takar. Ancak adam mahzenden daha çıkmadan kapak kendiliğinden kapanır, yaşlı adam mahzende kalır.

Çarlık Rusyası Döneminde medresenin avlusu temizlenirken diğer binalarca örtülmüş ve tamamen unutulmuş, küçük bir cami bulunur. Caminin tabanının kırılmasıyla, altta geniş bir mahzen olduğu görülür. İçerde eski yazılı mezar taşları vardır; fakat bunlar sadece duadır, üzerlerinde herhangi bir isme ve tarihe raslanmaz. Söylendiğine göre; Bibi Hanım'ın mezarı, her gün büyük bir yılanın mahzenden çıkarak, güneşlenmesi üzerinden epey bir zaman geçtikten sonra bulunabilmiş.

Kompleks 1404'te tamamlanmış; ancak daha biter bitmez yıkılmaya başlamıştır. Cami öyle büyüktü ki kendi ağırlığını taşıyamamış, inşaatın tamamlanmasından hemen sonra bir tarafa doğru çökmeye başlamıştır. Sık sık meydana gelen depremler yıkılmasını hızlandırmıştır. Birkaç yıl içinde minareler, taş kolonlar, kapı kemerleri ve diğer yapılar tamamen yıkılmıştır. Yine de yarısı yıkılmış şekliyle bile, Bibi Hanım Kompleksi, çok büyük ve dayanıklı izlenimi vermektedir. 1970'lerde Sovyet Döneminde başlanan restorasyon bugün de devam etmektedir.

Registan

Semerkand pazarının ortasında üç yanı Şir-Dar, Tilla-Kari ve Uluğ Bey medreseleriyle çevrili Registan Meydanı bulunur. 'Registan' sözcük anlamı olarak 'kumlu pazar yeri' anlamına gelir.

Büyük bir astronom olan Uluğ Bey; bir yönetici olarak, Semerkant'ın bilim ve sanat merkezi olmasını istiyordu. Bu amaçla; Registan Meydanının ortasına Orta Asya'nın en iyi eğitim merkezi olmasını tasarladığı, dini bir akademi yaptırmıştır (1417-20). Uluğ Bey Medresesinin başarısı üzerine; 17. yy.'da Özbek lider Şeybani Han, medresenin tam karşısına aynı mimari planla Şir-Dar Medresesini yaptırmış (1619-36), daha sonra bu iki bina arasına Tilla-Kari Medresesi eklenmiştir (1646-60).

Kitabımızda üç adet eski fotoğrafı bulunan ve Registan'ı Bibi Hanım Kompleksine bağlayan Taşkent Sokağı; 19. yy.'da tüccar ve esnaf dükkanlarıyla, kahvelerle doluydu.

Derleyen: Lale Öz

SAMARKAND

Samarkand, one of the foremost cities of Uzbekistan, is in the Zerevshan oasis in Transoxiana, between the rivers Amu Darya (ancient Oxus) and Syr Darya (ancient Jaxartes). The city itself, which has a population of close to six hundred thousand, is an agricultural center.

With a history extending back some two thousand five hundred years, Samarkand was originally founded as a center of settlement by a clan of the ancient Sogdians. Once conquered by Alexander the Great, the city was later captured by the Arabs in 712. It flourished in the ninth and tenth centuries under the Samanids. In 1220, Samarkand was burnt and razed by the Mongolian leader Jenghiz Khan. Formerly called Marakanda, in 1369 it became the capital of Tamerlane's (Timurlenk) empire, which stretched across continents – from India to Russia and from China to the Mediterranean sea. Newly revived, the city witnessed its golden age over the next three centuries. Despite the tremendous destruction inflicted on the khanates of Bukhara, Khiva and Khokand, Samarkand has survived with the fewest scars. Elevated to a center of Islamic learning and architecture during the Timurid period, it was ornamented with structures of extraordinary beauty.

The sixteenth-century Uzbek Shaybanid ruler, Mohammed Shah Baht, terminated the rule in Samarkand of the Timurid dynasty and increased the geographical extent of his rule. After capturing Samarkand, the Uzbeks transferred their capital to Bukhara. Upon their submission to Russia, Samarkand came under Russian control in 1868 and was annexed to the general administrative region of Turkestan. It served as the capital of Uzbekistan between 1924 and 1930.

Samarkand, along with Bukhara, constituted the most prominent cultural, commercial and religious center of Transoxiana from the eighth century onward. One of the oldest cities of Central Asia, Samarkand formed a cultural synthesis as a legacy of successive rule by Turks, Iranians and Arabs.

Timurid architectural works of exquisite character survive in Samarkand. The walls of the palace of Baghi Dilkusha built within a garden are embellished with battle scenes from India. The most prominent architectural structures of the city are: The necropolis of Shah-i-Zindah, the Gur Emir mausoleum and the Mosque of Bibi Khanum. The madrasahs of Ulugh Beg, Shir Dar and Tilla Kari enclose the square of the great marketplace, the Registan, on three of its sides. Other works of importance are the Hazret-i Hizre mosque and the mausoleums of Hadji Abdi and Choban Ata.

Serving as an important stopping place on the trade routes linking the West with China and India in antiquity and the medieval period, Samarkand was a very lively trading center. The construction of aqueducts, urban caravanserais and commercial buildings and baths first occurred in antiquity.

The city attained eminence during the lifetime of the great astronomer and mathematician, Ulugh Beg, a grandson of Tamerlane. Ulugh Beg erected an observatory, known in the history of science as the Samarkand or Ulugh Beg observatory, and a madrasah where education of the highest standard was offered and where some leading

It seems fitting to include a brief overview of Samarkand, which was part of the Bukhara khanate, because the greater portion of the nineteenth-century photographs in the exhibition "Once Upon A Time in Central Asia" is devoted to Samarkand.

scholars received their training. Here, Ulugh Beg wrote his "Catalog of the Stars," as it has come to be called in the histories of science, which has earned him the title of "Astronomer of the Fifteenth Century."

The Sah-ı Zindah Complex

North of Samarkand lie the remains of the famed city of Afrasiab. The Shah-i-Zindah complex rises on either side of a stepped-street on the south slope of the hill on which is situated this city, almost completely devastated during the Mongol invasions of the thirteenth century. The mausoleums in this complex belong to the family and close associates of Tamerlane; these include those of Emirzade (1386) and Kutluk Turkan Aka (1371) and the mosque, mausoleum and madrasah, or theological college, of Tuman Aka. The occupants of some mausoleums are nameless or unknown. The domes and monumental portal resemble those of Seljukid mosques and madrasahs, whose surfaces are enhanced by glazed tiles in turquoise blue, white, black, yellow and green.

At the furthest end of the complex stands the mausoleum – undoubtedly the earliest work here – of Kusem Ibn Abbas (1335). It is believed that Kusem Ibn Abbas rests in his mausoleum still alive. A relative and a Companion of the Prophet and one of those who accompanied the first Muslim army to Central Asia, Kusem dwelled in a cave for years after his associates had died. This mausoleum, which was built over the site of the cave, has given the complex its name; for Kusem is called the "living shah, or ruler," or Shah-i-Zindah. Shah-i-Zindah occupies a foremost position in the lives of Central Asian Muslims; it is both an object of pilgrimage and a name linked with mystery and legends.

The Gur Emir Complex

When his most beloved grandson, the prince, Sultan Muhammad, fell ill and died in 1403 on his return from campaigns in Asia Minor, Tamerlane ordered the erection of a mausoleum for him adjacent to the madrasah Sultan Muhammad had built. On the death of Tamerlane during the course of his campaign in China, this mausoleum became his own, being buried next to his grandson; hence, the name of this complex: The tomb of the sovereign, or Gûr Emir. In later periods, revered sons and grandsons of Tamerlane were buried on the periphery of the mausoleum of Ulugh Beg.

The splendid dome of the complex, which rises 34 meters and which is visible from all directions, has become the symbol of the city of Samarkand. The entrance road to the complex was built by Ulugh Beg in 1434. In the principal space of the mausoleum have been placed symbolic sarcophagi belonging to leading personages and high officials of the dynasty. The jade for the sarcophagus of Tamerlane was obtained from China on his return from the victorious Mongolian campaign in 1425. The actual grave of Tamerlane is located in the underground vaults of the structure.

The belief prevails among the people who have come to pray over the centuries for Tamerlane that a disaster will befall any who disturb him in his resting place. Exceptionally, his tomb has always remained under guard and was never opened until the Soviet period. The Persian ruler, Nadir Shah, who gained control of Central Asia in 1740, is reputed to have had a desire to open Tamerlane's tomb, which he was persuaded to relinquish. Professor Gerasimov, who opened the tomb on the orders of Stalin on June 21, 1941, ascertained that the Tatar was indeed red-bearded, of a stature taller than average and that his left leg and arm were deformed. According to the Uzbeks, it was no coincidence that Hitler declared war against the Soviets on that very same day.

The Bibi Khanum Complex

The Bibi Khanum Complex is perhaps the most spectacular and astonishing structure in Samarkand. The mosque of the complex is the largest mosque - not only in Central Asian - but in the entire Muslim world.

Returning home from his victories in China, Tamerlane issued a decree (1385) for the construction of a mosque in the name of the daughter of the Chinese emperor and his favorite wife, Saray Mulk Khanum. The site of its construction - on the perimeter of the Samarkand market - proved efficacious in the spread of Islam. Architects, artists and craftsmen from throughout the Eastern world were commissioned for this work. A number of elephants were also requisitioned from India for transport. Columns carved in a marble quarry located forty kilometers distant were carried by elephant to Samarkand and within three months the construction of the minarets was completed. Tamerlane, observing that the activities of the adjacent market were a hindrance to this work, decreed that it be relocated within twenty days. Judging that the entrance portal - which had been erected while he was away on campaign - was of insufficient beauty, he had it torn down and rebuilt.

One story relates that the chief architect, an Iranian, was in love with Saray Mulk Khanum and wished for one kiss from her, promising in exchange that he would have the mosque completed before her husband's return. In no uncertain terms, she refused to accord with this request. But, on learning that Tamerlane was in Merv, one week's traveling distance, Saray Mulk Khanum permitted the architect to kiss her cheek through her veil. This kiss, however, burned her cheek, etching a black imprint. Tamerlane became apprised of the incident on his return and committed Saray Mulk Khanum to be burned at the stake. When the architect was finally tracked to the peak of one of the buildings, it is said that wings sprouted from his shoulders, whereupon he flew to Meshed in Iran.

Another tale reports that a dervish told Bibi, that is, the "Grand" Khanum that she would die by the bite of a poisonous spider. She begged Tamerlane that she might – rather than undergo the Muslim custom of burial – be laid in a coffin placed high off the ground. Tamerlane acquiesced and constructed a large madrasah with a large underground vault. On the occasion when Bibi Khanum went to view the completed madrasah, a large snake, which had evidently crawled out from the vault, could be seen lying coiled in the sunshine. The servants made a rush at the serpent to kill it, but Bibi Khanum prevented them from doing so and caressed the snake.

On her death, Bibi Khanum's jewels were placed in her coffin, which was lowered to the vault, after which it was sealed with heavy nails. Having heard of this, some thieves attempted to enter the vault by breaking down the door. They were met, however, by this same snake, who attacked and killed them. The following day, everyone was astounded to find the corpses within the opened vault. The jewels scattered over the floor suggested that they were thieves. No one dared to put the jewels back in their place, with the exception of one elderly man, who carefully re-adorned Bibi Khanum with her jewels. But, before the man could leave the vault, the door had closed by itself and the old man was trapped forever in the vault.

When the courtyard of the complex was renovated during the Imperial period, a small mosque was discovered that had been closed off by other buildings and entirely forgotten. When the floor of the mosque was broken, a large underground vault came into view. Old grave stones stood here but the inscriptions consisted only of prayers, so that no name or date could be ascertained. According to rumor, Bibi Khanum's grave was at last revealed by the spot from which a huge snake would crawl out everyday to warm himself in the sun.

The complex was completed in 1404, but certain portions of it almost at once became subject to collapse. The mosque was so great in size that it was unable to carry its own weight, so that as soon as construction was culminated, one side suffered collapse. The frequent occurrence of earthquakes also hastened its demise. Within a few years the minarets, stone columns, portal vaults and other elements had tumbled down. But even in its half ruined form, the Bibi Khanum complex exerts a profound and lasting impression. Restoration work begun by the Soviets in the 1970's is still in progress today.

The Registan

The Registan square is situated in the middle of the Samarkand market-place, surrounded on three sides by the madrasahs of Shir Dar, Tilla Kari and Ulugh Beg. The word "registan" means a "sandy area."

The great astronomer, Ulugh Beg, in his post as chief administrator, wanted Samarkand to become a center of science and art. With this in mind, he had a theological college, or madrasah, designed to constitute the pre-eminent educational center in Central Asia, erected in the center of Registan square (1417-20). Adding to the success of Ulugh Beg's madrasah, the Uzbek Shaybanid ruler had the Shir Dar madrasah built directly opposite on the same plan (1619-36); afterwards the Tilla Kari madrasah was inserted between these two structures (1646-60).

Tashkent Street, which links the Registan to the Bibi Khanum complex and which appears in three of the early photographs in the album, was lined with merchants' shops, craftsmen's ateliers and coffeehouses in the nineteenth century.

Prepared in Turkish by Lale Öz

САМАРКАНД

Нам кажется уместным включить краткую информацию о Самарканде, входившем в состав Бухарского ханства, поскольку большая часть фотографий 19-го века на выставке "Когда-то Средняя Азия" посвящена этому городу.

Самарканд - один из наиболее значительных городов Узбекистана. Он расположен в Зарафшанском оазисе области Мовароуннахра между реками Аму-Дарья и Сыр-Дарья. Город с населением почти 600 тыс. человек является центром сельского хозяйства Средней Азии.

История Самарканда охватывает около двух с половиной тысячелетий, и первоначально он был поселением одного из кланов древних согдийцев. Завоеванный когда-то Александром Великим, он был захвачен арабами в 712 году н.э. Период его расцвета пришелся на 9-10 века, период правления Саманидов. Когда он был столицей империи Гарзем-Шаха, в 1220 г. Самарканд был сожжен и разорен Чингиз Ханом, предводителем монголов. Известный ранее под названием Мараканда, в 1369 г. город стал столицей империи Тимура (Тамерлана), простиравшейся через весь континент - от Индии до Руси, и от Китая до Средиземного моря. Вновь возродившись, город переживал свой золотой век в течение трех последующих столетий. Несмотря на огромные разрушения, обрушившиеся на Бухарское, Хивинское и Кокандское ханства, Самарканд отделался лишь несколькими шрамами. Поднявшись во времена Тимуридов до центра исламской науки и архитектуры, он был украшен строениями поразительной красоты.

В 16-ом веке узбекский правитель Шейбани-Хан положил конец правлению династии Тимуридов в Самарканде и расширил географические границы своих владений. После захвата Самарканда узбеки перенесли свою столицу в Бухару. Россия подчинила Самарканд в 1868 году и аннексировала его как часть Туркестанского генерал-губернаторства. С 1924 по 1930 годы Самарканд был столицей Узбекистанской ССР.

Самарканд, наряду с Бухарой, представлял собой самый важный культурный, торговый и религиозный центр государства Мовароуннахр, начиная с 8-ого века и далее. Один из старейших городов Средней Азии, Самарканд является синтезом культурного наследия эпох правления тюрок, иранцев и арабов.

В Самарканде до сих пор существуют утонченные образцы архитектуры эпохи Тимуридов. Стены дворца Баги Дильхушо, построенного в саду по приказу Тимура, украшены батальными сценами из Индии. Наиболее выдающимися архитектурными памятниками города являются: усыпальница правителей Шах-и Зинда, мавзолей Гур Эмир, мечеть Биби Ханым. Медресе Улугбека, Шер-Дор и Тилля-Кари с трех сторон обрамляют площадь Регистан. К другим значительным архитектурным монументам можно причислить мечеть Хазрет-и Хызр, мавзолей Ходжи Абди-Даруна и Чупон Ата.

В древние и средние века Самарканд был очень оживленным центром торговли, поскольку располагался на важных торговых путях, связывавших Запад с Китаем и Индией. Строительство акведуков, караван-сараев и торговых зданий впервые началось еще в древности.

Город занял особое место во времена великого астронома и математика Улугбека, внука Тимура. Улугбек построил обсерваторию и медресе, где уровень образования был очень высок и где обучались многие выдающиеся ученые. Здесь Улугбек написал свой "Каталог Звезд", сохранившийся под этим названием в истории науки и принесший ему звание "Астронома Пятнадцатого Века".

Комплекс Шах-и Зинда

К северу от Самарканда лежат развалины некогда славного города Афросиаб, уничтоженного в результате монгольского нашествия. Комплекс Шах-и-Зинда, расположен по обе стороны ступенчатой дороги на южной стороне холма. Он включает в себя около двадцати мечетей, мавзолеев и медресе, сооруженных в разные века, и из которых до наших дней сохранились только постройки на самой поверхности холма.

Первые строения комплекса возникли в начале 11-ого века на месте, где по легенде находилась могила двоюродного брата пророка Мухаммеда Кусама Ибн-Аббаса, принесшего ислам в Среднюю Азию. Главный портал был построен Улугбеком в 1434 году. В мавзолеях комплекса похоронены родные и близкие Тимура; мавзолей Эмир-Заде (1386), мавзолей Кутлуг-Туркан-Ака (1371), мавзолей Ширинбек-Ака (1385) и т.д. Неизвестно, кому принадлежат некоторые могилы. Здания с куполами и портальными входами, подобно Сельджукским мечетям и медресе, были покрыты изразцами-мозаикой синего, белого, черного, желтого и зеленого цветов.

В отдаленной части комплекса находится мавзолей Кусама Ибн-Аббаса, вероятно самое первое его здание (1335). Существует поверье, что Кусам до сих пор лежит в гробнице живым. После смерти своих сподвижников, с которыми Кусам Ибн-Аббас пришел в Среднюю Азию, он долгое время жил в пещере. Мавзолей, который был сооружен на месте этом месте, получил у народа название Шах-и Зинда, что означает "живой царь". Это название стало общим для всего комплекса.

Шах-и Зинда играл значительную роль в жизни мусульман Средней Азии.

С одной стороны он был местом святого поклонения, хаджа, а с другой стороны - с ним связаны всевозможные тайны и легенды.

Комплекс Гур Эмир

Когда, возвращаясь из военного похода в Малую Азию, принц Султан Мухаммад, самый любимый внук Тимура, заболел и умер в 1403 году, правитель приказал построить мавзолей Султана Мухаммада рядом с медресе, сооруженным ранее самим принцем. После внезапной кончины Тимура во время Китайского похода, его тело было похоронено рядом с останками внука в том же самом мавзолее, поэтому и возникло название Гур-Эмир - "могила властелина". В более поздние времена досточтимых сыновей и внуков Тимура хоронили на территории мавзолея Улугбека.

Великолепный купол комплекса, поднятый вверх на 34 метра и видный со всех сторон, стал символом Самарканда. Главная дорога к комплексу была построена Улугбеком в 1434 году. В центре мавзолея были размещены символические гробницы знаменитых представителей династии и высших чиновников. Яшма для саркофага Тамерлана была привезена из Китая в 1425 году, когда Улугбек возвращался с победой из монгольского похода. Настоящая могила Тимура находится в подземной части строения.

Среди людей, веками приходивших туда на моления, существовало поверье, что, если кто-либо посмеет потревожить место последнего успокоения Тимура, то беда падет на голову несчастного. Его гробница всегда находилась под охраной и не вскрывалась вплоть до советского времени. Персидский правитель Надир Шах, захвативший Среднюю Азию в 1740-е годы, стремился открыть гробницу, но его удалось убедить не делать этого. Профессор Герасимов, открывший гробницу Тимура по приказу Сталина 21 июня 1941 года, засвидетельствовал, что он был рыжебородый, выше среднего роста и что его правая рука и нога были деформированы. По мнению узбеков, не было совпадением то, что именно в тот же день Гитлер объявил войну в Советскому Союзу.

Комплекс Биби Ханым

Комплекс Биби-Ханым - наиболее выразительное и интересное сооружение Самарканда. Соборная мечеть комплекса является самой большой не только в Средней Азии, но и во всем мусульманском мире.

Возвращаясь с победой из китайского похода, Тимур издал указ о строительстве мечети (1385) в честь дочери китайского императора и своей любимой жены Сарай Мульк Ханым. Грандиозные размеры строительной площадки были призваны засвидетельствовать широту распространения ислама в мире. Лучшие архитекторы, художники, ремесленники Востока были направлены для выполнения работ. Грузы перевозились на индийских слонах. Мраморные колонны, изготовленные в сорока километрах от Самарканда, доставлялись в город на слонах и через три месяца строительство минаретов было завершено. Заметив, что расположенный по соседству базар мешает строительным работам, Тимур распорядился о его переносе в другое место в течение двадцати дней. Будучи недовольным размерами портала, который сооружался в отсутствие правителя и поражал необычайной красотой, Тимур приказал его разрушить и перестроить заново.

Существует легенда, связанная с персидским архитектором, влюбленным в Сарай Мульк Ханым и обещавшим за один ее поцелуй закончить строительство мечети до возвращения спруга из похода. Поначалу она отказалась выполнить просьбу влюбленного. Но, узнав, что Тамерлан уже достиг Мерва, и до Самарканда осталась всего неделя пути, Сарай Мульк Ханым позволила архитектору поцеловать себя в щеку через паранджу. Поцелуй оказался таким горячим, что прожег ткань и отпечатался на нежной коже красавицы. По возвращении Тамерлан проведал о случившемся и приговорил Сарай Мульк Ханым к сожжению. Когда на крыше одного из зданий был пойман архитектор, которого также ждала неминумая смерть, у него из плеч вышли крылья и он улетел в Мешхед.

Другая легенда гласит, что дервиш предсказал Биби Ханым от укуса ядовитого паука. Она просила Тимура, чтобы похоронили ее, вопреки мусульманской традиции, в гробнице, приподнятой над поверхностью земли. Тамерлан согласился и выстроил медресе с обширным подземельем. Когда Биби Ханым пожелала осмотреть медресе, большая змея выползла из подземелья и свернулась кольцами под солнцем. Стражники бросились, чтобы убить ее, но Биби Ханым остановила их и приласкала змею.

После смерти Биби Ханым ее драгоценности положили вместе с

останками в гроб и спустили в подземелье, наглухо закрыв его. Прослышав про это, какие-то воры решили проникнуть туда, взломав дверь в подземелье. Однако они наткунились на ту же самую змею и погибли от ее укусов. На следующий день, к всеобщему удивлению, тело воров были найдены внутри подземелья. Разбросанные по полу драгоценные камни служили доказательством кражи. Никто не осмелился положить камни на место, кроме одного старика, который осторожно надел на Биби Ханым все ее украшения. Но едва он закончил свою работу, как дверь в подземелье захлопнулась, и человек навсегда остался под землей.

Когда много веков спустя в комплексе проводили ремонтные работы, была обнаружена маленькая мечеть, закрытая другими зданиями и совершенно забытая. После вскрытия пола в мечети, перед взорами предстало большое подземелье. Могильные камни были в сохранности, но ни имена, ни даты установить не удалось, поскольку имевшиеся надписи состояли только из молитв. Молва утверждает, что захоронение Биби Ханым смогли найти только благодаря месту, откуда огромная змея выползала каждый день, чтобы погреться на солнце.

Сооружение комплекса было завершено в 1404 году, однако некоторые части его почти сразу разрушились. Размеры мечети были настолько велики, что она не выдержала собственного веса, и по окончании строительства одна из сторон начала оседать. Многочисленные землетрясения ускорили процесс разрушения. С годами минареты, каменные колонны, портал и другие элементы превратились в руины. Но даже и в полуразрушенном виде комплекс Биби Ханым производит глубокое и сильное впечатление. До сих пор продолжается реставрационные работы, начатые еще в советский период (1970-е годы).

Регистан

Регистан известен как крупная торгово-ремесленная площадь Самарканда. С трех сторон она окружена медресе Шер-Дор, Тилля-Кари и Улугбека. Слово "регистан" означает "песчаная местность".

Будучи правителем Самарканда, великий астроном Улугбек желал, чтобы город превратился в центр науки и исскуства. Следуя этой цели, он открыл духовную школу (или медресе), призванную стать блестящим образовательным центром в Средней Азии. Здание медресе было сооружено в центре площади Регистан в 1417-20 годах. Зная об успехах медресе Улугбека, узбекский хан Шейбани приказал построить медресе Шер-Дор (1619-36), которое расположилось напротив уже существующего, а затем было воздвигнуто медресе Тилля-Кари (1646-60), разместившееся между двумя ранее построенными зданиями.

Улица Ташкентская, соединяющая Регистан с комплексом Биби Ханым, представлена на трех старых фотографиях, которые открывают альбом. В 19-ом веке на этой улице были расположены магазины, ремесленные мастерские и кофейни.

Составительница на турецком языке: Лале Оз

111

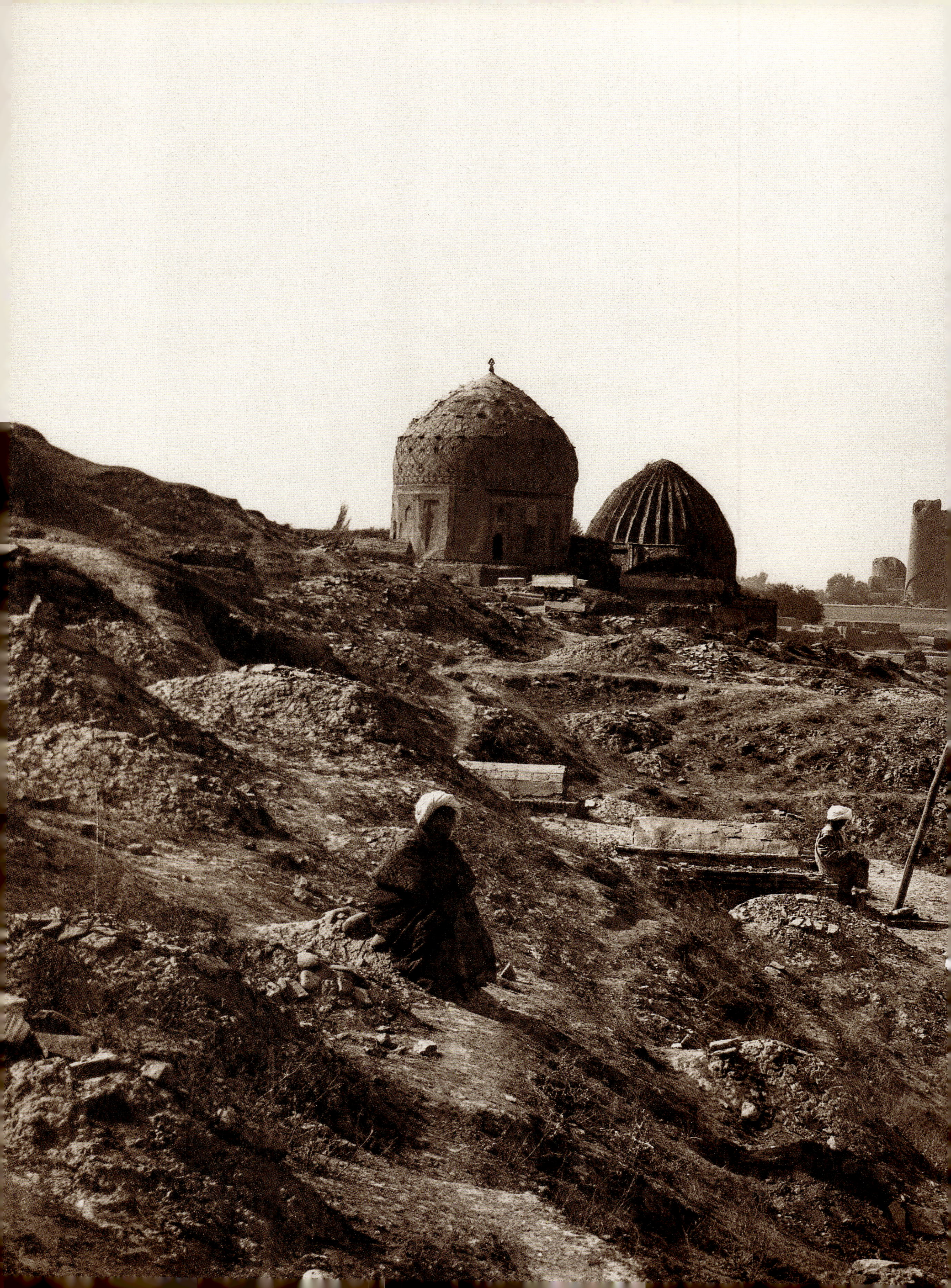

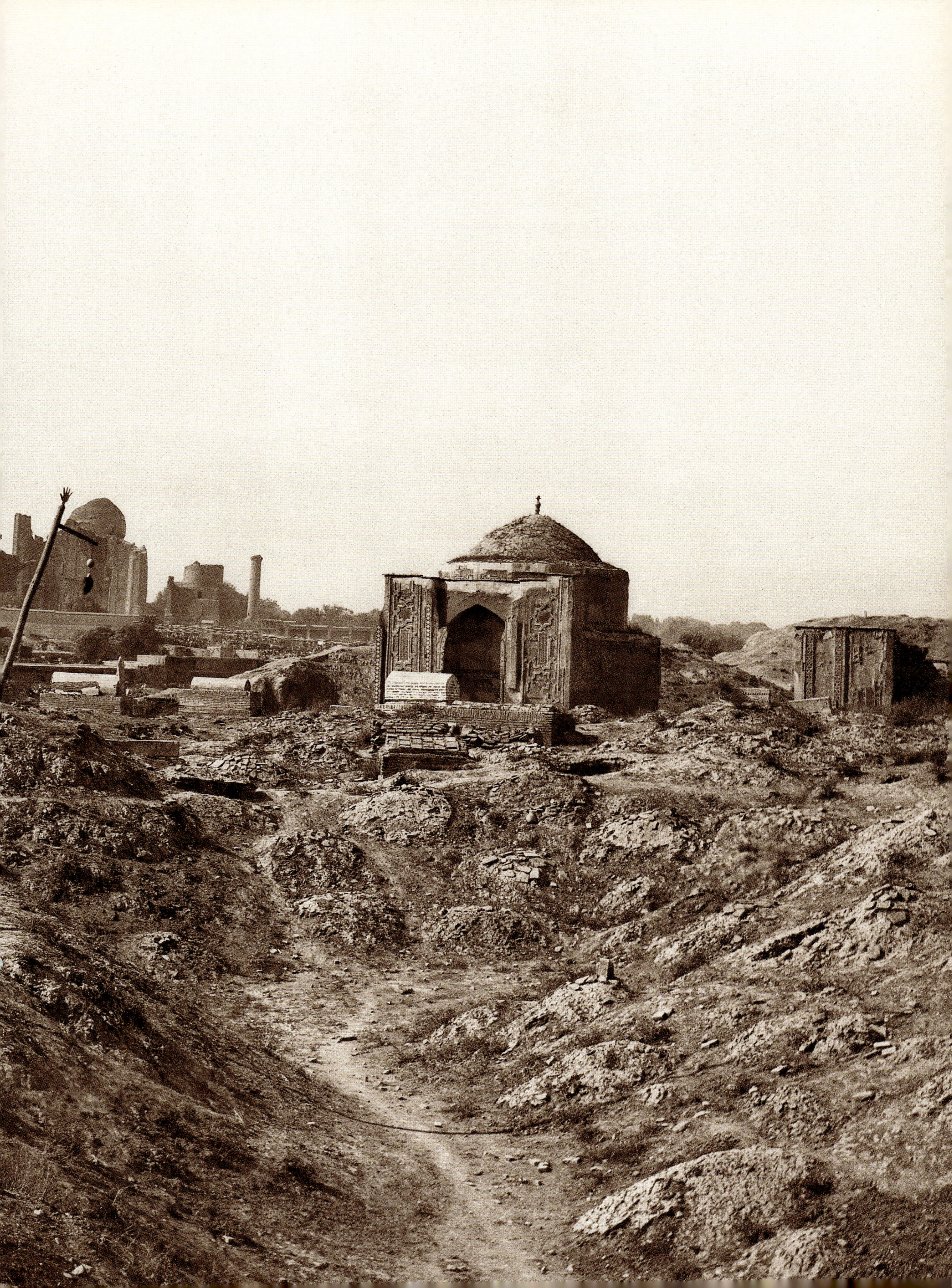

Semerkand. Afrazyab'da şenlik ve dönme dolaplar
I.Vvedenski, 1894-1897
Samarkand. Festivities and revolving wheels in Afrasiab
I.Vvedensky, 1894-1897
Самарканд. Веселье и карусели в Афрасиабе
И. Введенский, 1894-1897

Önceki sayfalar
Semerkand. Şah-ı Zinde kompleksi ve doğusundaki mezarlık
P. Nadar, 1890'lar
Previous pages
Samarkand. The Shah-i Zindah complex and the cemetery adjoining it on the East
P. Nadar, 1890s
Предыдущие страницы
Самарканд. Комплекс Шахи Зинда и кладбище на его юге
П. Надар, 1890-е годы

Semerkand. Şah-ı Zinde kompleksi. Tuman Aka türbesi
P.Nadar, 1893
Samarkand. The Shah-i Zindah Complex. The tombs of Turkhan Aka.
P. Nadar, 1893
Самарканд. Комплекс Шахи Зинда. Мавзолей Туркан-Ака
П. Надар, 1893

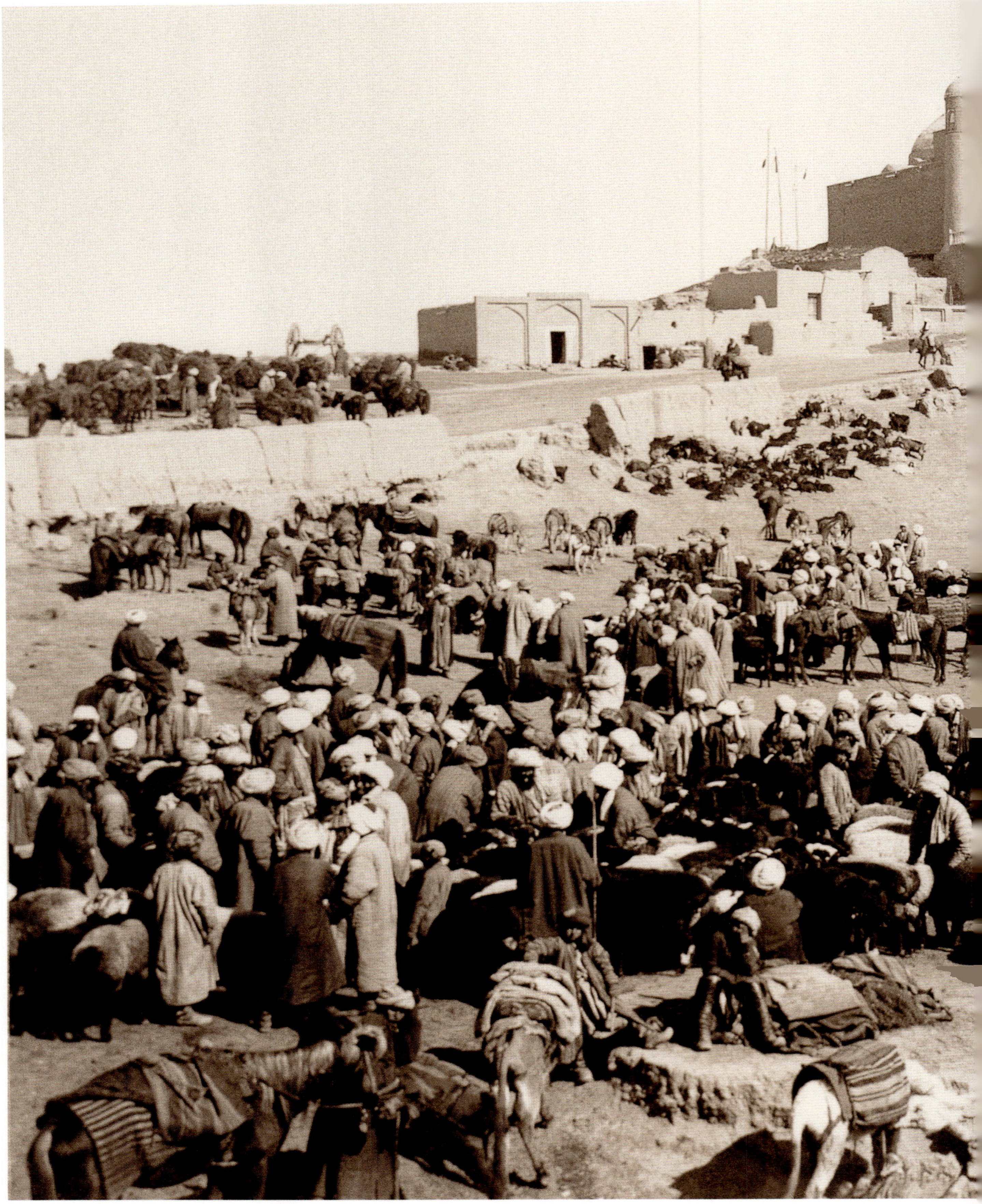

Semerkand. Afrazyab'ın güneyindeki Hazret-i Hizre camisi
I. Vvedenski, 1894-1897
Samarkand. The Hazret-Hizrah Mosque on the Southern slope of Afrasiab
I. Vvedensky, 1894-1897
Самарканд. Мечеть Хазрет-Хизре на юге Афрасиаба
И. Введенский, 1894-97гг

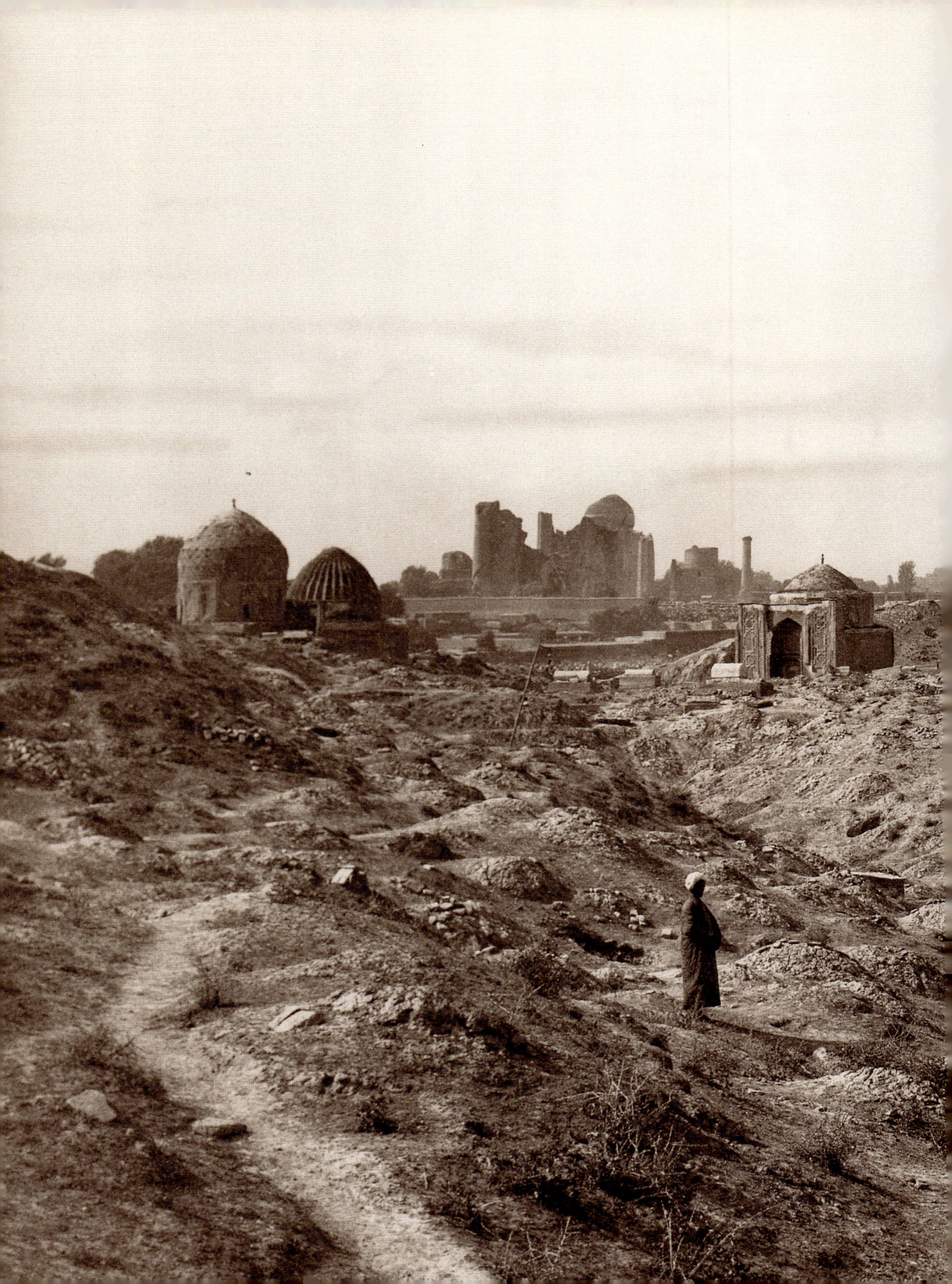

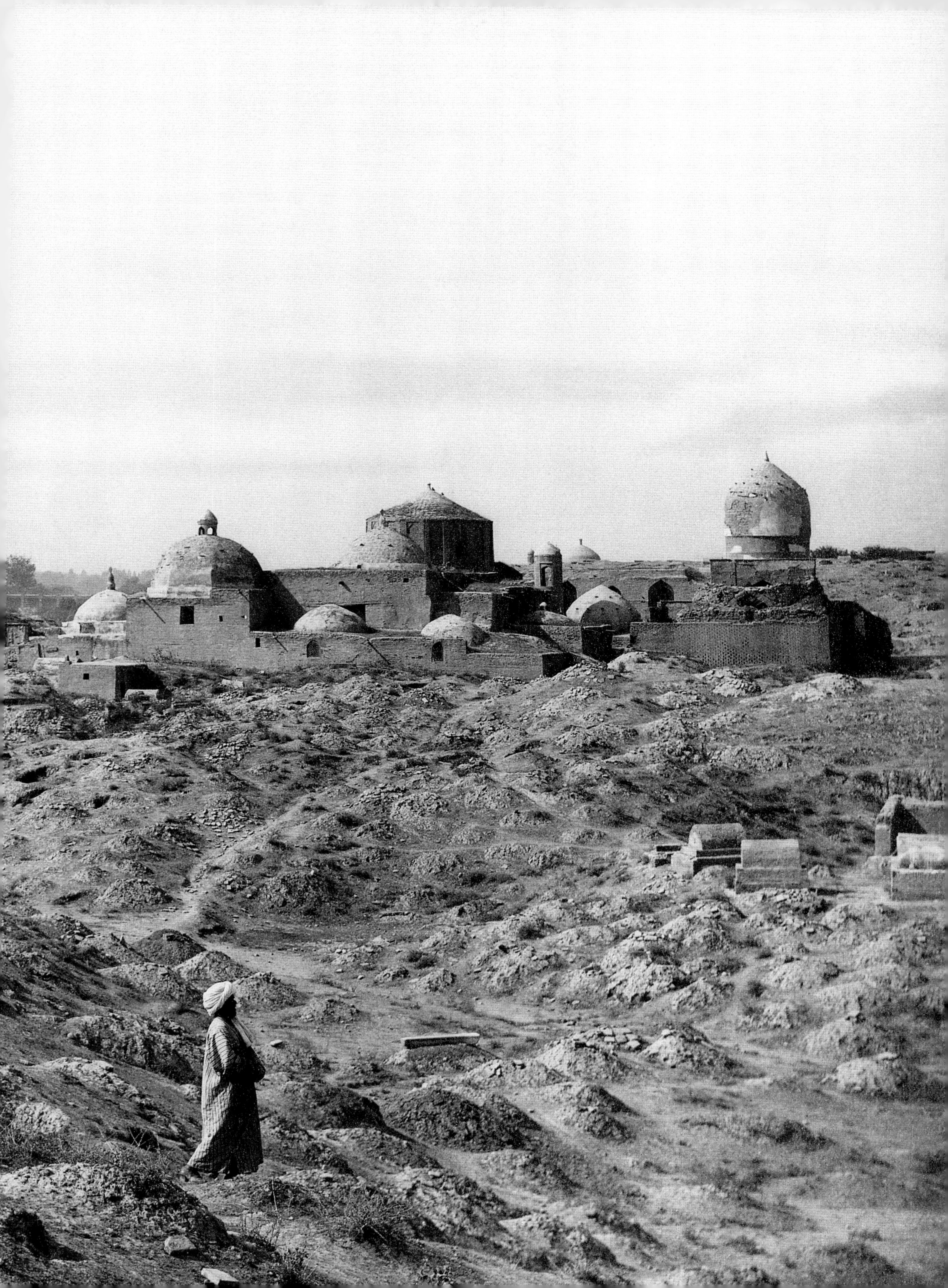

Önçeki sayfalar
Semerkand. Şah-ı Zinde ve mezarlık
P. Nadar, 1890'lar
Previous pages
Samarkand. The Shah-i Zindah complex and the cemetery
P. Nadar, 1890'lar
Предыдущие страницы
Самарканд. Комплекс Шахи Зинда и кладбище
П. Надар, 1890-е годы

Semerkand.
Şah-ı Zinde kompleksi Kutluk Aka türbesinin çinili girişi
Fotoğrafçı bilinmiyor, 1890'lar
Samarkand. The Shah-i Zindah Complex. Tiled arch of Kutlugh-Aka's burial vault
Unknown photographer, 1890s
Самарканд. Комплекс Шахи Зинда. Вход гробницы Кутлук-Ака
Фотограф не известен, 1890-е годы

Semerkand. Şah-ı Zinde
çıkışında dua
Ergun Çağatay, 1993
*Samarkand. Prayer at the
door of the Shah-i Zindah*
Ergun Çagatay, 1993
Самарканд. Молитва на
выходе комплекса
Шахи Зинда.
Эргун Чагатай, 1993г.

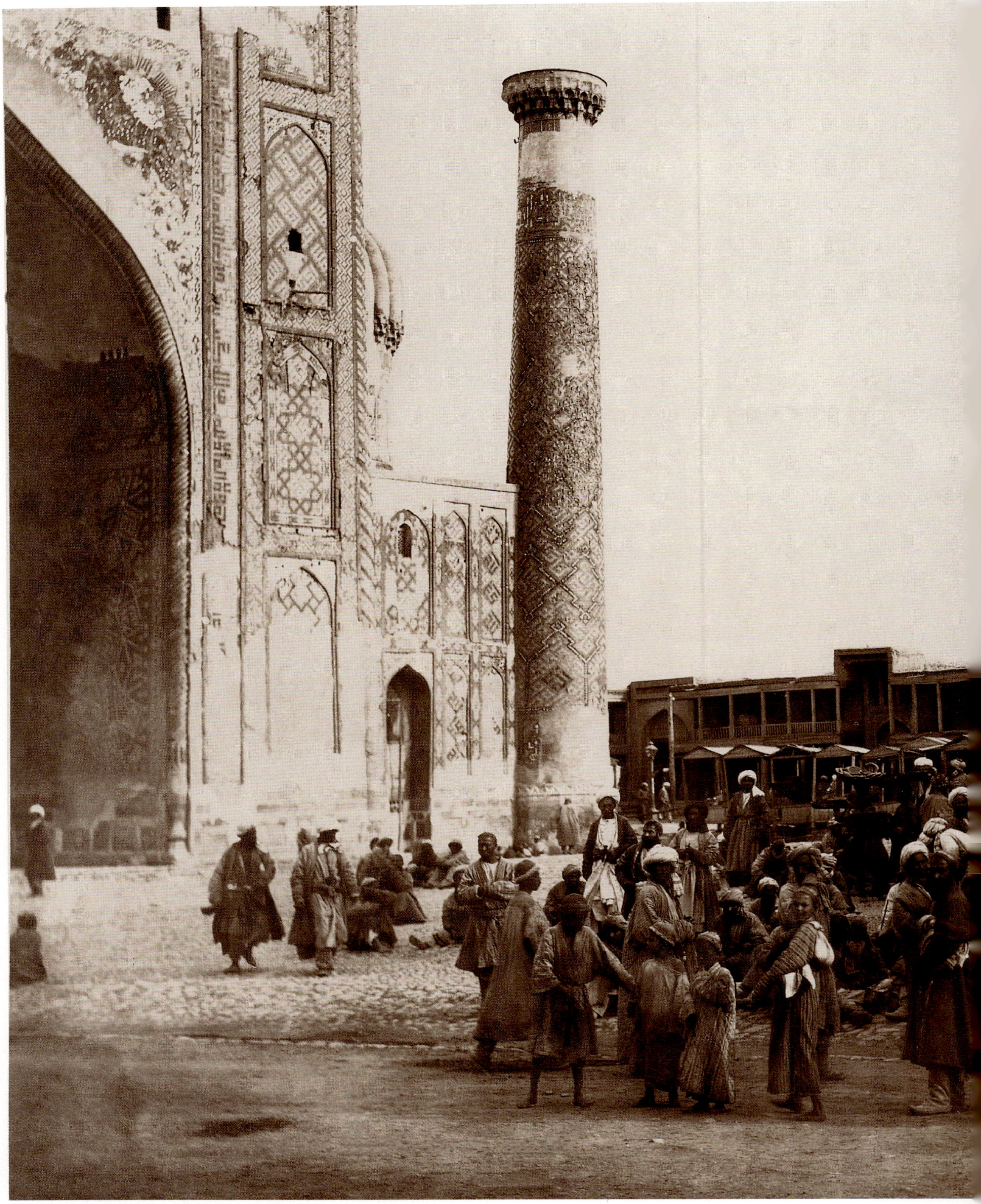

Semerkand. Registan.
Uluğ Bey Medresesi
V. Kozlovski, 1890'lar
*Samarkand. Registan.
The Mirza Ulugh Beg
Madrassah
V. Kozlovsky, 1890s*
**Самарканд. Регистан.
Медресе Улуг-Бей
В. Козловский,
1890-е годы**

Semerkand. Gur Emir. Timur'un türbesinin içi
İ. Veselovski, 1895
Samarkand. The Gur Emir complex. The mausoleum interior
I. Veselovsky, 1895
Самарканд. Комплекс Гур Эмир. Внутренний вид
И. Веселовский, 1895

Semerkand. Gur Emir
Timur'un türbesinin içi
Ergun Çağatay, 1995
*Samarkand. The Gur Emir
complex. The mausoleum
interior*
Ergun Çağatay, 1995
**Самарканд. Комплекс
Гур Эмир.
Внутренний вид**
Эргун Чагатай, 1995

Semerkand. Gur Emir. Timur'un mezarının bulunduğu türbe
I.Vvedenski, 1890'lar
Samarkand. Gur Emir. The tomb of Timurlenk
I. Vvedensky, 1894-1897
Самарканд. Гур Эмир. Мавзолей Эмира Тимура-Карагана
И. Введенский, 1890-е годы

Eski Semerkand'ın Afrazyab'dan görünüşü ve Bibi Hanım Medresesi
I. Vvedenski, 1894-1897
General wiev of old Samarkand from Afrasiab and the MadrassahBibi-Khanum
I. Vvedensky, 1890s
Общий вид из Афрасиаба старого Самарканда
И. Введенский, 1894-97гг

Semerkand. Bibi Hanım Medresesi
I.Vvedenski, 1894-1897
Samarkand. Bibi Khanum Madrassah
I.Vvedensky, 1894-1897
Самарканд. Медресе Биби-Ханым
И. Введенский, 1894-97гг

Semerkand. Bibi Hanım Medresesinin kuzey doğudan görünüşü
I.Vvedenski, 1894-1897
*Samarkand. A wiev of the Bibi Khanum Madrassah from the Nort-East
I. Vvedensky, 1894-1897*
**Самарканд. Северовосточный вид медресе Биби-Ханым
И. Введенский, 1894-97гг**

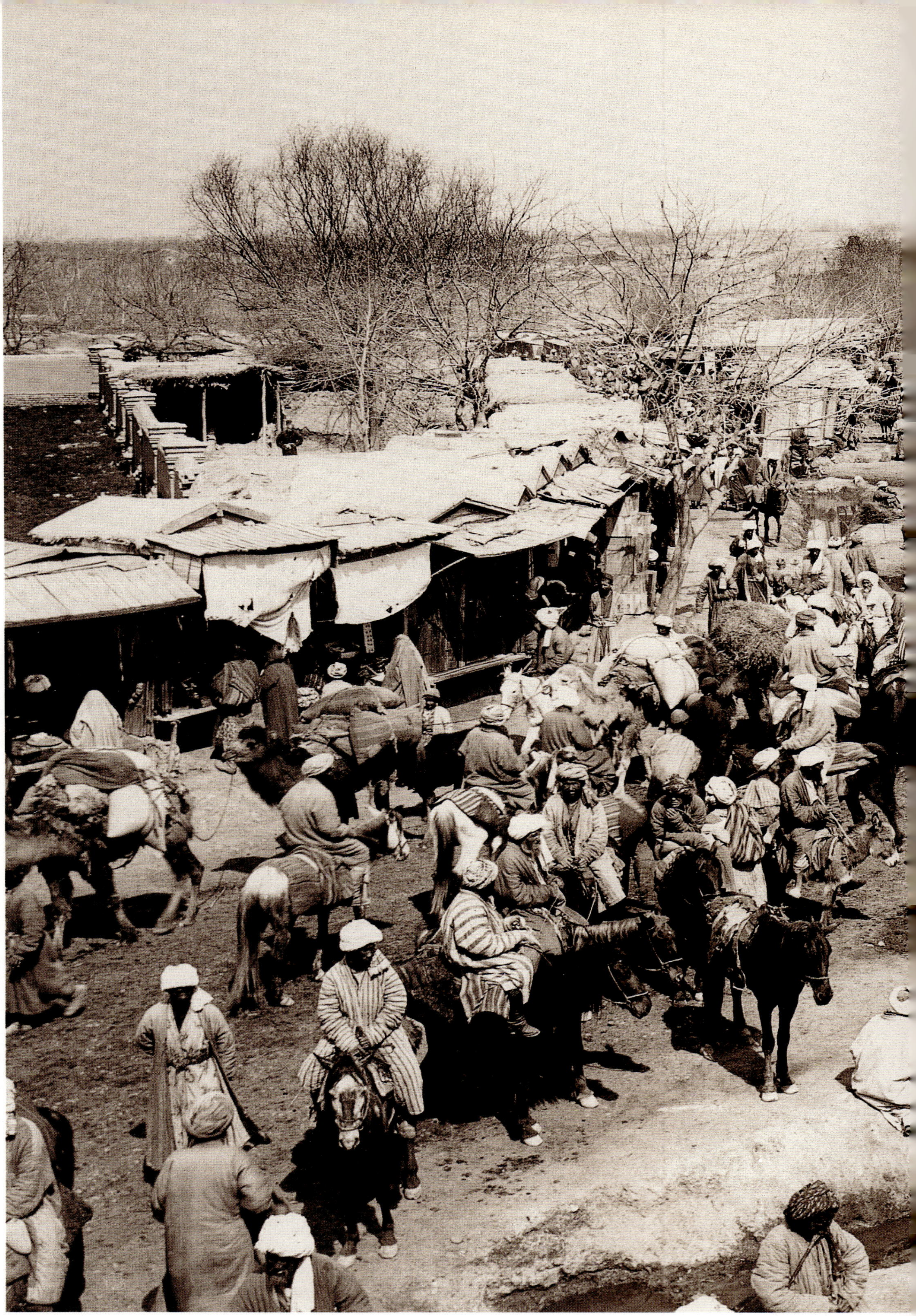

Semerkand. Bibi Hanım
medresesinden
pazarın görünüşü
I.Vvedenski, 1890'lar
*Samarkand. Market place at
the Bibi Khanum Madrassah.
I. Vvedensky, 1890s*
**Самарканд. Рынок из
Мечеть Биби-Ханым
И. Введенский,
1890-е годы**

Semerkand. Registan. Şirdar Medresesi. Ana girişin arka cephesi
V. Kozlovski, 1890'lar
(Yüz yıl arayla farklı yerlerde çekilen iki fotoğrafın bakış açısının benzerliğini ilginç bularak sayfalarımızda yanyana kullandık.)
Samarkand. Registan. The Shir Dar Madrassah the rear facade of the main entrance
V. Kozlovsky,1890s
(We found it interesting, therefore included among our pages, that two photographers hundred years apart have the similar view photographing two different sites.)
Самарканд. Регистан. Задния фасад главного входа медресе Шир-Дор
В. Козловския, 1890-е годы
(Мы положили рядом две фотографии, поскольку интересно, что точки зрения фотографий, снятых с разницей времени на сто лет, похожи на друг друга)

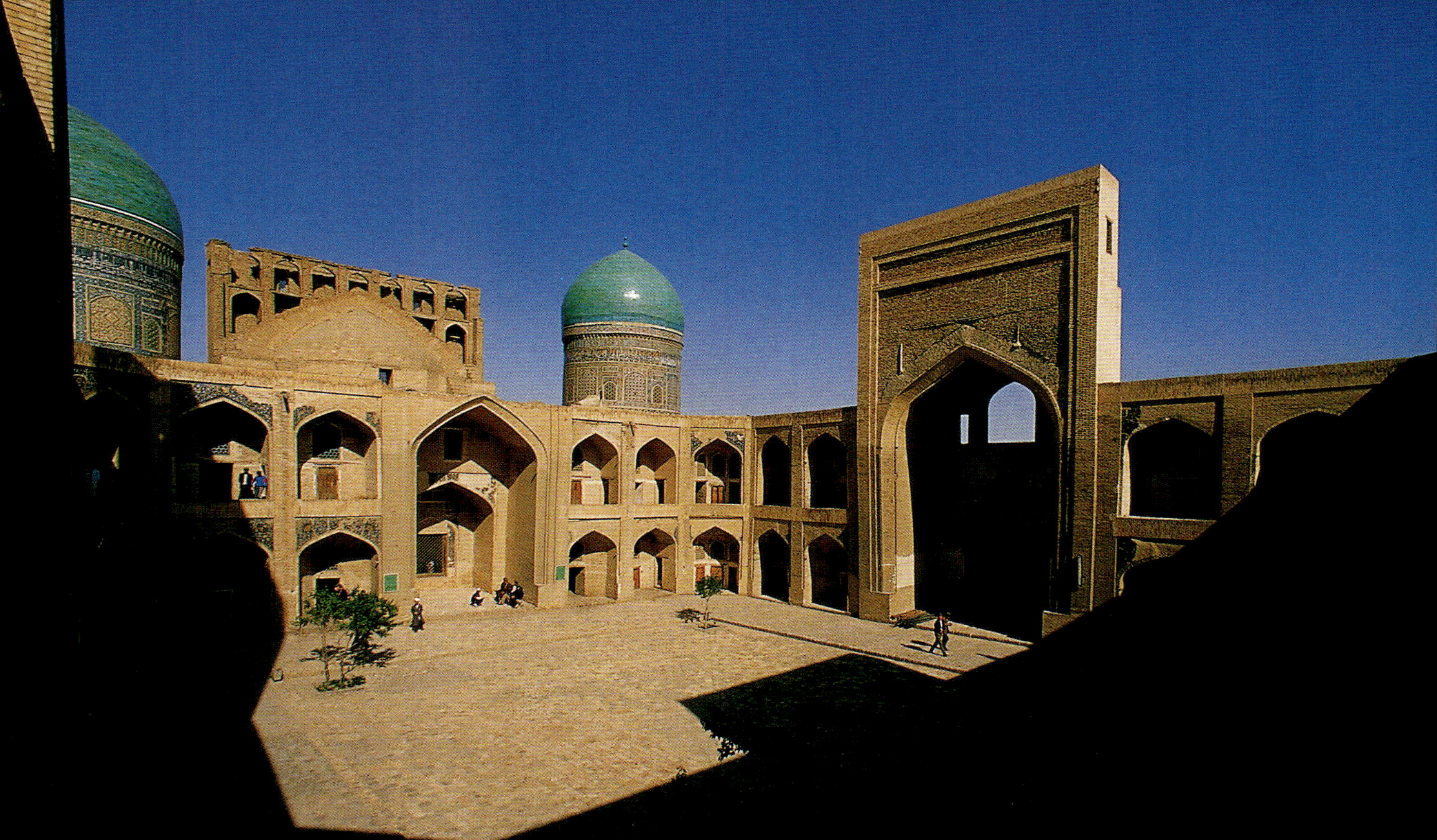

Semerkand. Registan. Şirdar camisi ve pazar
I. Vvedenski, 1894-1897
Samarkand. Registan. Shir-Dar Mosque and the market
I. Vvedensky, 1894-1897
Самарканд. Регистан. Мечеть Шир Дор и рынок
И. Введенский, 1894-1897

Semerkand. Registan Meydanında havuz
Fotoğrafçı bilinmiyor, 1890'lar
Samarkand. The pool of the Registan Square
Unknown photographer, 1890s
Самарканд. Бассейн на площади "Регистан"
Фотограф не известен, 1890-е годы

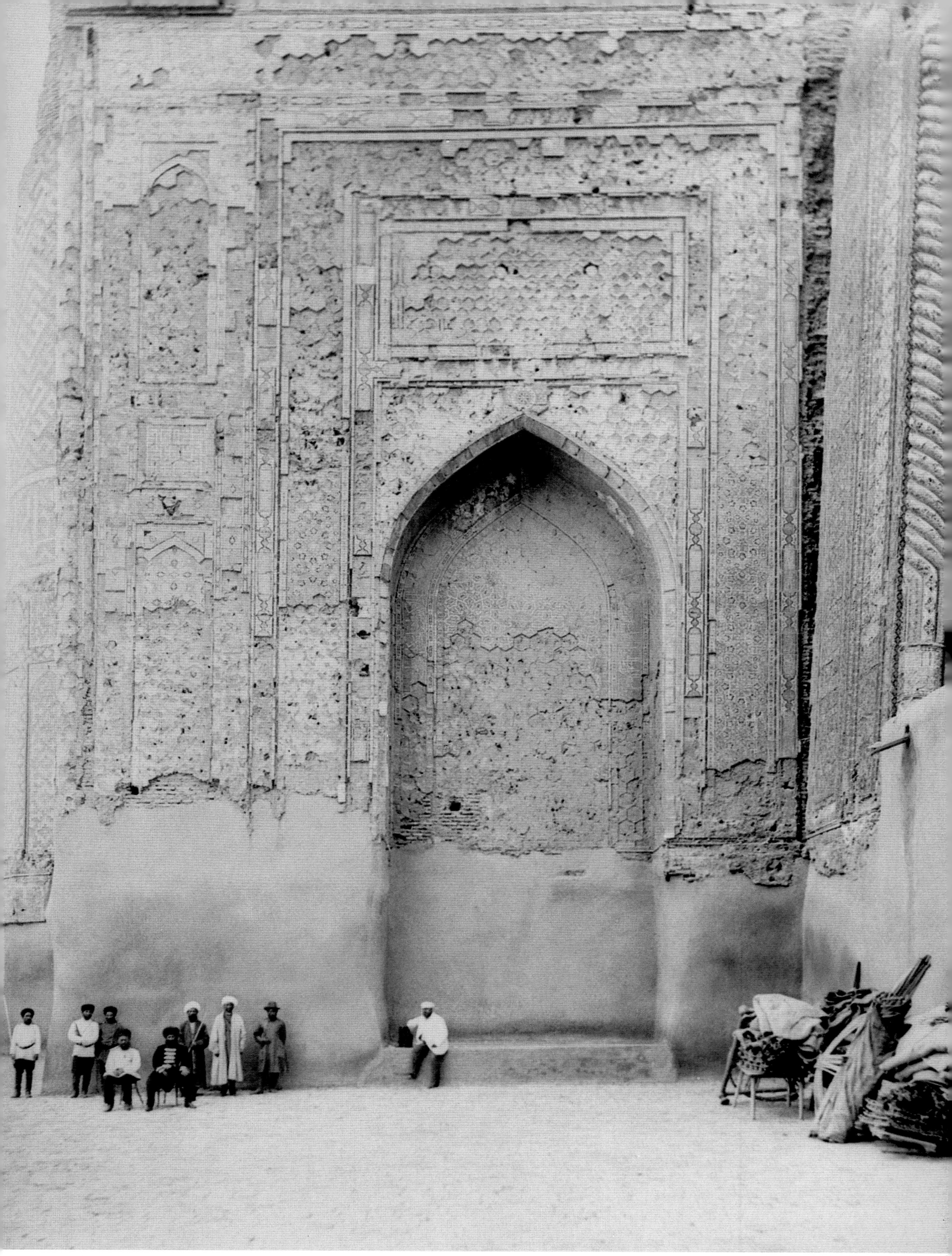

Semerkand yakınlarındaki Şehrisyabz. Aksaray kapısı
N. Vıysıylovski, tarih bilinmiyor
The entrance of Ak-Saray in Shehrisyabz near Samarkand
N. Viysiylovsky, unknown date
Около Самарканда в Шахрисябзе Ак-Сарай. Главный вход
Н. Высийловский, дата неизвестна

Şehrisyabz. Aksaray
N. Vıysıylovski, tarih bilinmiyor
Shehrisyabz. Ak-Saray
N. Viysiylovsky, unknown date
Шахрисябз. Ак-Сарай
Н. Высийловский, дата неизвестна

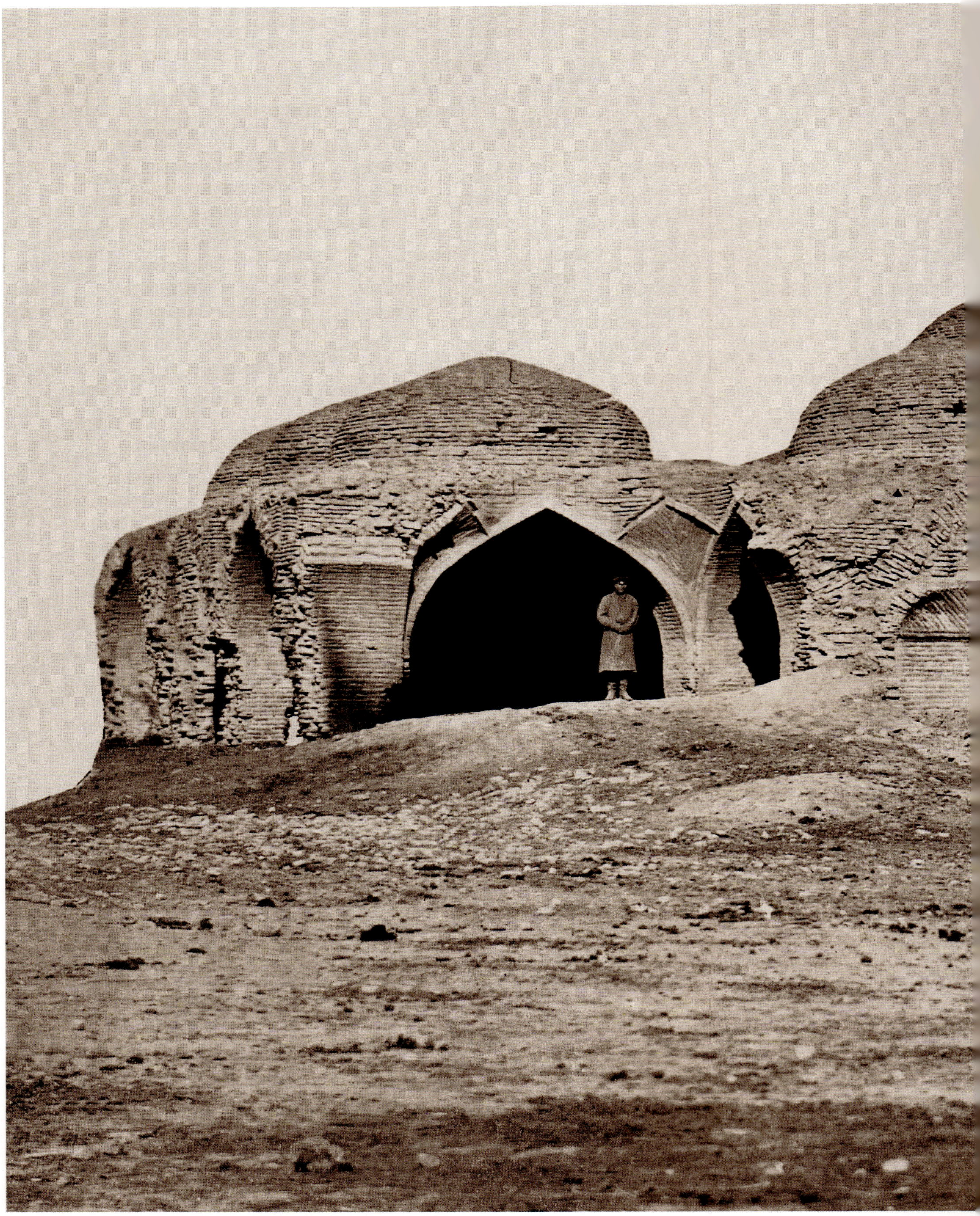

Semerkand civarındaki
Sir-i Derya Bölgesinde
Mirza Rabat kompleksi
M. Nehoroşev, 1871-1872
The Mirza Rabat complex in the region of Sir-i Derya near Samarkand
M. Nehoroshev, 1871-1872
Комплекс Мирза Рабат в области Сири Дерья около Самарканда
М. Нехорошев, 1871-1872

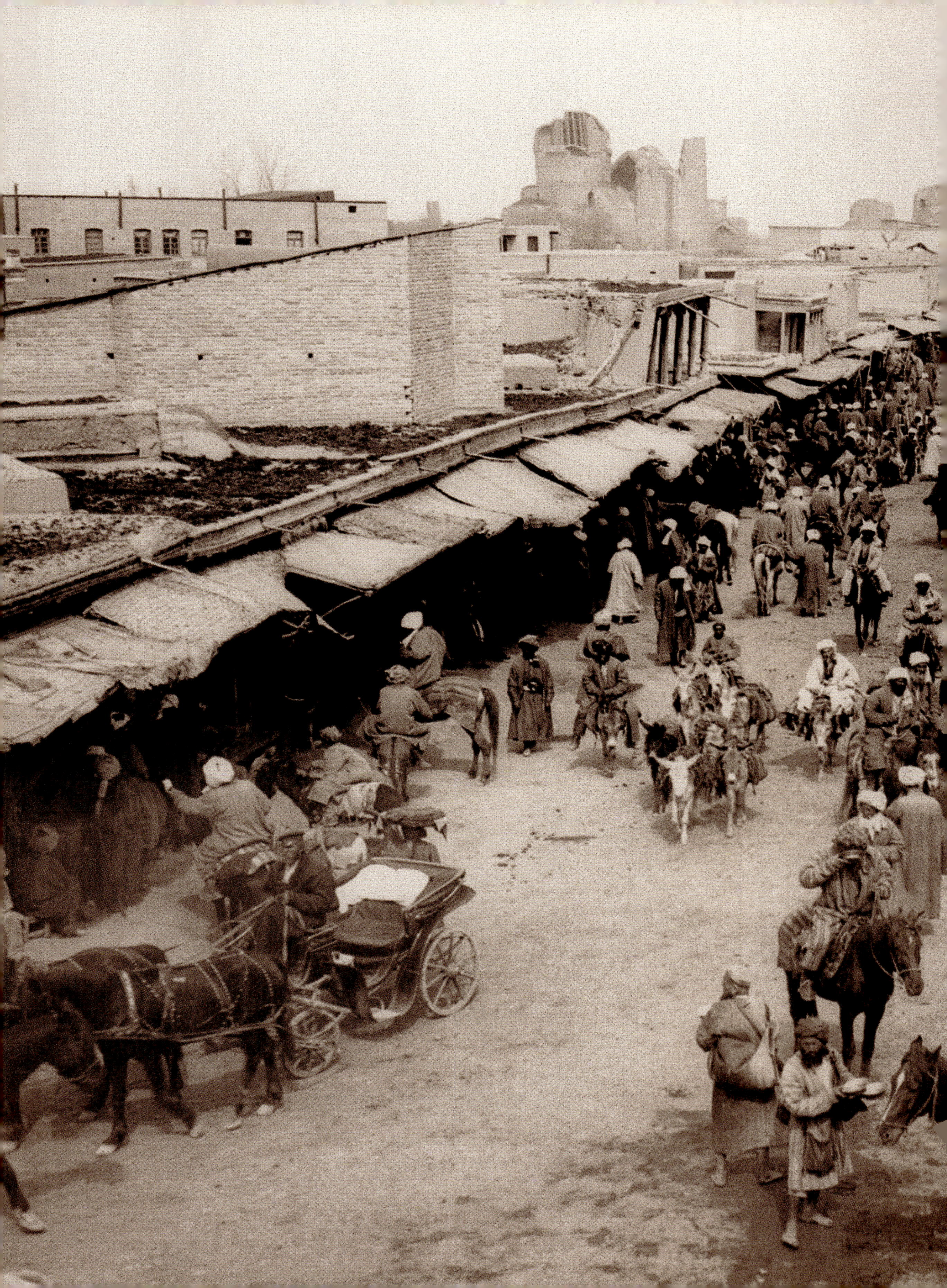

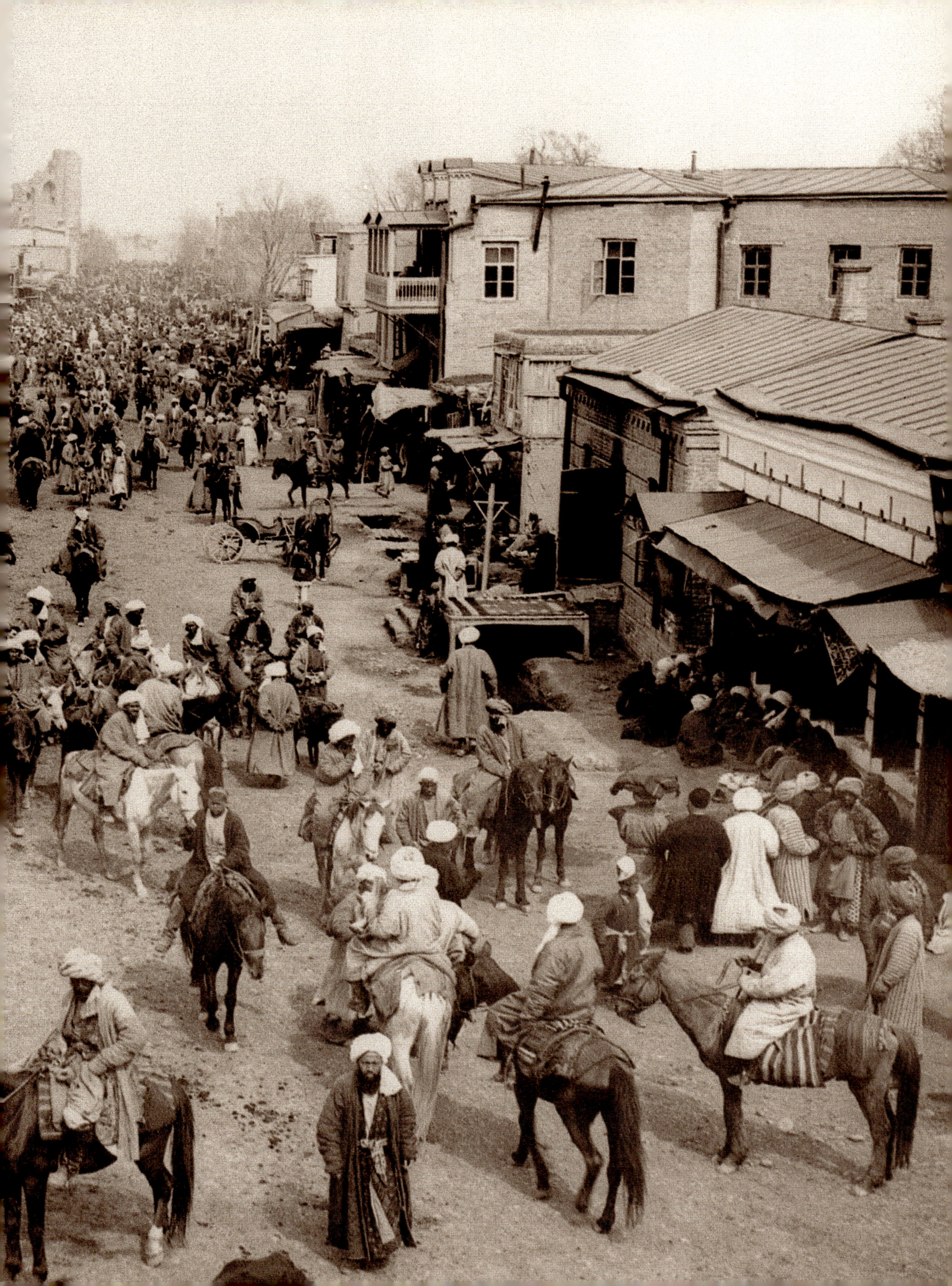

**Önceki sayfalar
Semerkand. Şirdar
Medresesi'nden Taşkent
Sokağı ve pazar**
I.Vvedenski, 1890'lar
*Previous pages
Samarkand. The Tashkent
street and the market from
the Shir Dar Madrassah I.
Vvedensky, 1890s*
**Предыдущие страницы
Самарканд. Улица
Ташкентская и рынок из
медресе Шир Дор
И.Введенский,
1890-е годы**

Semerkand. Bibi Hanım
Medresesi ile Registan
Meydanı arasındaki
Taşkent Sokağı
I.Vvedenski, 1894-1897
*Samarkand. The Tashkent
street between the
Bibi-Khanum Madrassah
and the Registan square.
I. Vvedensky, 1894-1897*
**Самарканд. Улица
Ташкентская между
медресе Биби Ханым и
площадью Регистан
И.Введенский, 1894-97гг.**

Semerkand. Müzisyen
N. Nehoroshev, 1871-1872
Samarkand. Musician
N. Nehoroshev, 1871-1872
Самарканд. Музыкант
Н. Нехорошев, 1871-1822гг

Semerkand. Müzisyen
N. Nehoroshev, 1871-1872
Samarkand. Musician
N. Nehoroshev, 1871-1872
Самарканд. Музыкант
Н. Нехорошев, 1871-1822гг

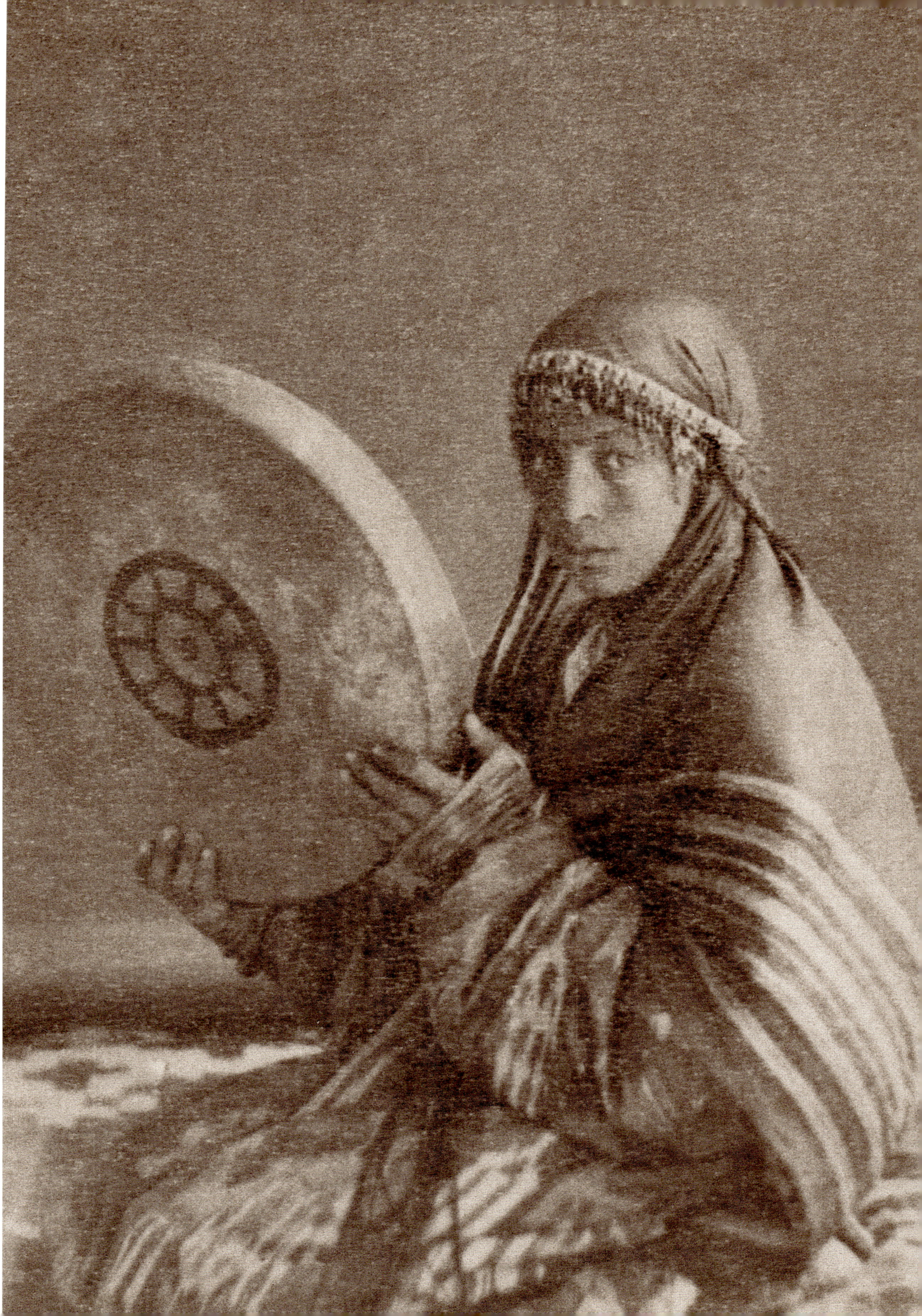

Semerkand. Müzisyen
N. Nehoroshev, 1871-1872
Samarkand. Musician
N. Nehoroshev, 1871-1872
Самарканд. Музыкант
Н. Нехорошев,
1871-1822гг

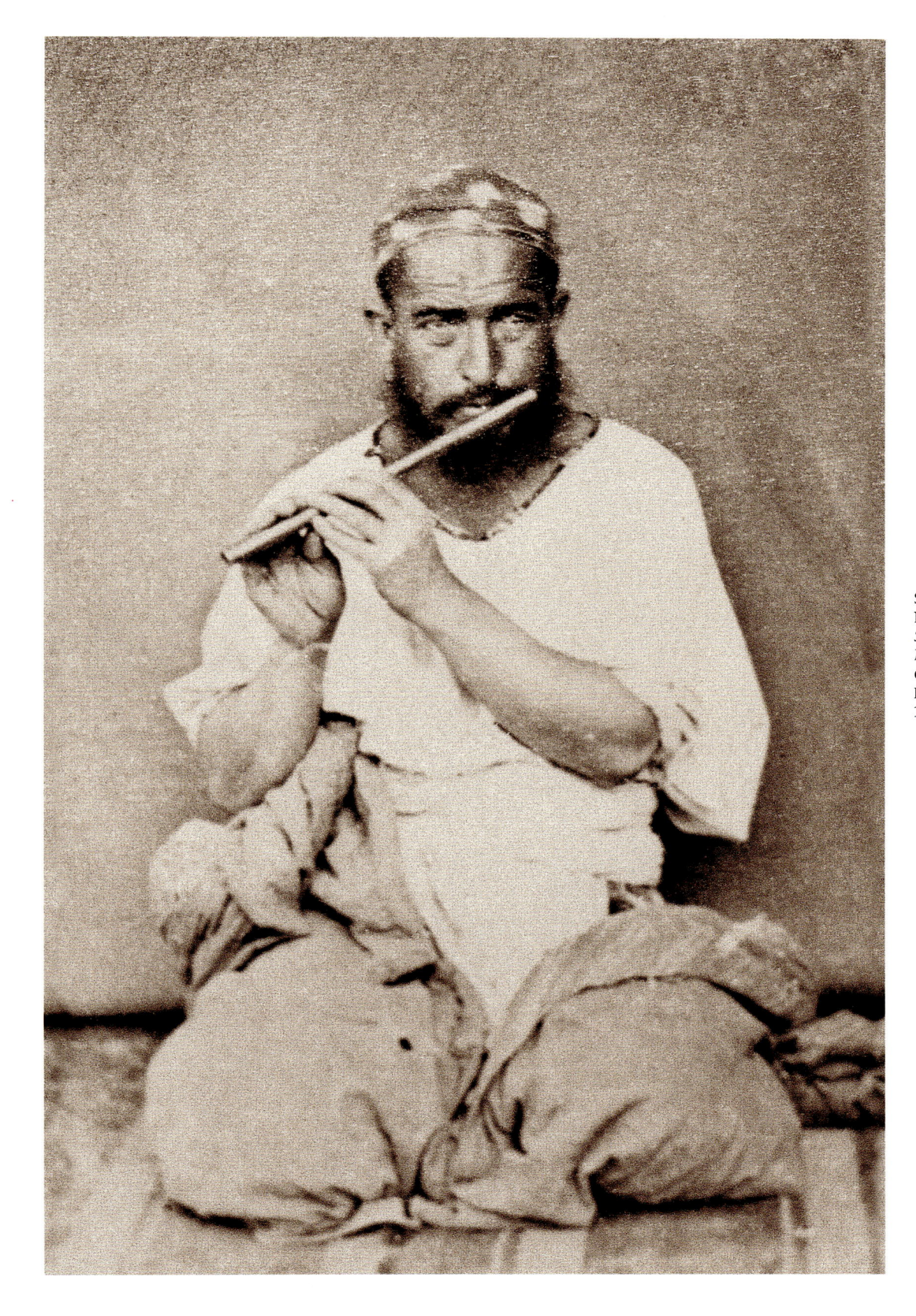

Semerkand. Müzisyen
N. Nehoroshev, 1871-1872
*Samarkand. Musician
N. Nehoroshev, 1871-1872*
**Самарканд. Музыкант
Н. Нехорошев,
1871-1822гг**

Semerkand. Müzisyen
N. Nehoroshev, 1871-1872
*Samarkand. Musician
N. Nehoroshev, 1871-1872*
**Самарканд. Музыкант
Н. Нехорошев,
1871-1822гг**

Semerkand. Müzisyen
Ergun Çağatay, 1995
*Samarkand. Musician
Ergun Çağatay, 1995*
**Самарканд. Музыкант
Эргун Чагатай, 1995**

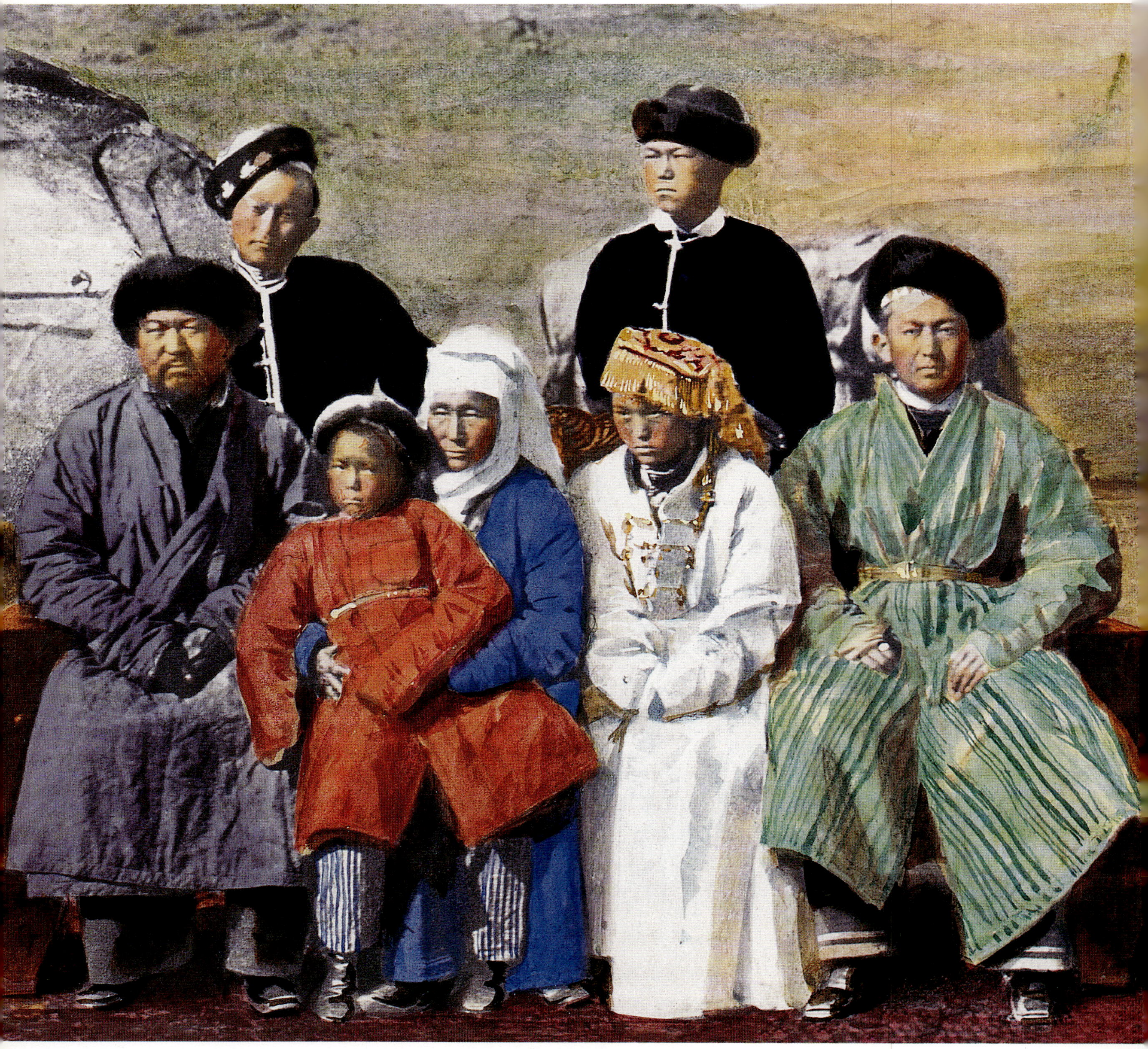

KAZAKİSTAN

Geniş topraklara (2.717 bin km2) sahip olan Kazakistan soguk Sibirya ile sıcak Orta Asya arasında bulundugundan; ormanlarla çöllerin, büyük sıradaglar ile geniş ovaların buluştugu bir ülkedir. Ülkenin ortasında geniş bir yayla görünümünde ve yüksekligi yer yer 1500 m'nin üzerine çıkan Kazak bozkırları bulunur. Aral Gölü'nün dogusunda Karakum Çölü uzanır. Kazakistan'da yazların sıcak, kışların soguk geçtigi sert bir kara iklimi görülür.

Kazaklar'ın birçogu Kazakistan'ın yanısıra Özbekistan, Türkmenistan, Kırgızistan, Tacikistan, Çin ve Mogolistan'da yaşar. Kazaklar, çeşitli göçer kabilelerin karşılıklı etkileşmesinden meydana gelmişlerdir. M.Ö. 10. yy'da Kazakistan'da İran dilini konuşan Sak kabileleri vardı. Daha sonra Hunlar'ın ve diger Türkçe konuşan kabilelerin Kazakistan bölgesine göç etmeleriyle Türkleşme süreci başlamıştır. Kimaklar, Karluklar, Kıpçaklar, Naymanlar, Kervitler gibi birçok topluluk degişik zamanlarda bölgede yaşamıştır. Kazakistan topraklarının Mogol-Tatar devletlerinin (Kok Orda, Ulus Siban, Mogolistan, vb.) sınırlarına girmesinden sonra Mogollar yerel Türk halkıyla tamamen asimile olurken, bölgede bulunan kabileler ve diger halklar da birleşerek, bölünerek, yer degiştirerek birbirleriyle karışmışlardır. 14. yüzyılın sonunda ve 15. yüzyılın başında, Türkçe konuşan kabilelerin çogu Özbek ve Nogay Hanlıklarının himayesine girmiştir. 15. yy'ın II. yarısında Kazak Hanlıgı'nın kurulmasıyla, üç göçebe kazak grubu oluşmuştur: Ulu Yüz, Orta Yüz ve Kiçi Yüz. Bu toplulukların birer birer Rusya'nın eline geçmesiyle Kazaklar, 1991 yılında Kazakistan'ın bagımsızlıgını ilan etmesine kadar Ruslar'ın himayesinde yaşamıştır.

Kazaklar; at ve deve yetiştiriciligi dahil, hayvancılıkla ugraşırlardı. Göçebe olarak yaşadıkları bölgenin çapı 1000-1200 km.'yi bulurdu. Her göçebe grubunun kesin sınırlarla ayrılmış bir bölgesi ve ayrı yolları vardı. Kazakistan'ın Rus egemenligine girmesinden sonra tarımla daha çok ugraşmaya başlayan Kazaklar, mısır ve bugday ekerlerdi.

Kazaklar'da giyim ve kuşam insanın cinsiyetini, yaşını, medeni durumunu açık bir şekilde belirtirdi. Örnegin evlenen bir kız, zarif ve süslü kızlık şapkasını "saukele" ile degiştirirdi. Saukele, ailenin maddi durumu ne olursa olsun hep çok degerli bir kadın giysisi olmuştur; kız çocugunun dogumundan hemen sonra şapkanın süsleri toplanmaya başlanırdı. Çok süslü bir saukelenin degeri en iyi 100 atın degerine eşitti. Kadın yaşamındaki dönüm noktasını belirleyen saukele, oldukça agır oldugundan sadece evliligin ilk yılında giyilirdi. Evli kadın evliligin ilk beş yıllık döneminde bayram ve törenlerde saukelesini giymeye devam ederdi. Evliligin ikinci yılından itibaren "jelek" denen sade ve basit bir şapka giyilirdi. İlk çocugunu doguran kadın, jelegini "kimeşek" ile

Kazakistan. Sultanın ailesi (Fotoğrafçı tarafından elle boyanmıştır). L. Poltoratskaya, 1876
Kazakhstan. The Royal family (Hand-painted by the photographer). L. Poltoratskaya, 1876
Казахстан. Семья султана (Закрашен фотографом). Л. Полторацкая, 1876

degiştirirdi. Kimeşek 25-45 yaşları arasındaki kadınlarca giyilirdi. Düğün törenlerinin en önemli süsü saukele, gelin başlığı olmaktan öte, gelinin çeyiziydi. Saukeleler kompozisyon açısından Issık çarının tacını hatırlatırlardı.

Göçebe çadırı olan *yurt,* dıştan bakıldığında kubbe şeklinde tek bir parçadan oluşmaktaydı. "Kerege" denen kanatların birleştirilmesiyle meydana getirilen duvarlar ve bu duvarların üzerine yerleştirilen bir kubbeden ibaretti. Duvarlara hasır döşenir ve üzerleri keçeyle kaplanırdı. Çadırların montajı yarım saat sürmezdi. Bomboş bir yerde birkaç saat içinde beyaz ve gri çadırlardan oluşan bir göçebe köyünün ortaya çıkıvermesine tanık olan birçok gezgin hayretler içinde kalmıştır. Birkaç çadırın birleştirilmesiyle çok odalı bir ev oluşturulabilirdi. Çadırın sökülmesi de oldukça pratikti. Gerektiğinde büyütülüp küçültülebilen yurtların yüksekliği ile de oynanılabilirdi. Çadırları oluşturan parçaların ölçüleri tesadüfi değildi. "Uyşi" denen ustalar standart yedek parçalar hazırlarlardı. Çadırın bir kısmı bozulduğunda bu parçaların ticaretini yapan zanaatçilerden bozulan kısım alınarak yenisiyle değiştirmek mümkündü.

Yurtlar, bilim adamlarına göre, göçebe hayatına en uygun mesken şeklidir. Gayet sağlıklı bir mesken türü olan yurtlar, tepesi açık olduğundan çok iyi havalanırlar ve aydınlıktırlar. Sıcak ve kuru bozkır havasında çadır içleri serin ve havadardır. Her konakladıkları yerde en az 10-15 gün kalan göçerler sık sık yer değiştirerek yılın sıcak aylarını sağlıklı bir şekilde temiz bir havada geçirirlerdi. Savaş zamanında kışın normal bir çadırda uyuyan askerlerin çoğunun soğuktan donduğu, oysa aynı yerde göçebe çadırında kalan askerlere ise birşey olmadığı bilinmektedir. Bilim adamları göçebe çadırlarının çatısını örten keçenin su geçirmez olduğunu saptamışlardır; keçe kılları suyun serbestçe akışını sağlayarak çadır içinde rutubet olmasını engellemektedir. Çadırın döşemesine düşen tozlar döşemede bulunan halılar tarafından emildiği için havanın temiz kaldığını belirtirler.

Bu çadırların içlerinde ağaç ve kemik üzerine oyma, deri üzerine baskı, nakış, vb gibi hemen hemen her tür dekoratif sanat tekniği kullanılmıştır. Bugüne en sade ve basit yurtların ulaşmış olmalarına rağmen, bunlar bile göçebelerin estetik anlayışı hakkında önemli bilgiler vermektedirler. 9. ve 16.yy'lar arasındaki Ortaçağ gezginleri, göçebe çadırlarını büyük bir hayranlıkla tasvir ederler. "Kibitka" denen çadırların çatısı değişik renklerde işlenmiş keçelerle örtülür ve buralarda sultanlar ile asilzadeler otururdu. 2. yy'da Roma'da Germen, 8.yy'da Bizans'ta Hazar zevkinin moda olması gibi, 7.yy'da Çin'de Türk zevki modaydı. Göçebe gelenekleri, giyim ve kuşamları ve meskenleri Çin soyluları arasında büyük rağbet görmekteydi. Çinliler en çok Türk göçebe çadırlarını benimsemişlerdi. Çünkü, yurtlar 7.yy'daki Çin meskenlerine göre kış mevsiminde daha sağlıklıydı. Çin soyluları saraylarının avlularına göçebe çadırları kurdurarak kış aylarında bu çadırlara taşınırlardı.

Eskiden Orta Asya'da çadırların büyüklükleri değişirdi. Dört kanatlı çadırlardan otuz kanatlı çadırlara kadar çeşitli büyüklükteydiler. Dört kanatlı bir göçebe çadırının kullanım alanı 15-16 m2 idi, kanatlardan birinin uzunluğu artırıldığında çadırın kullanım alanı 4-5 m2 artardı. Kazak göçerlerindeki 18 ve 30 kanatlı göçebe çadırları (145 m2) güçlü kabile liderlerine aitti. Çok süslü olan bu çadırlarda genellikle kırmızı renk hakim olur, kemik üzerine yapılmış oymalar ve altın işlemeler kullanılırdı. Duvarlar ve döşeme renk renk halılarla kaplı olurdu. İçeride gümüş levhalarla ve kemik üzerine kakmalarla süslenmiş zarif dolaplar, üzeri işlemeli deriden sandıklar, altın ipliklerle işlenmiş kadife örtüler, yastıklar; camdan veya gümüşten zarif kap kacaklar, silahlar, eyerler, süslü müzik aletleri bulunurdu. Göçebe çadırlarının üzerine örtülen keçeler kemik tozunun kireçlenmesi yöntemiyle beyazlatılırdı. Özel bayram ve tören günlerinde çadırlara kırmızı renkli keçeler örtülürdü.

Zengin insanlar, yaşamları boyunca çeşitli büyüklüklerde ve degişik amaçlarla çadırlar kullanırlardı. Örnegin resmi çadırlar, "Konak-uy" denen misafir çadırları, mutfak çadırı, dinlenme çadırı, aile ihtiyaçlarını karşılamaya yönelik diger çadırlar gibi. Uzak göçebe köylerinde ve şehirlerde akrabaları bulunan varlıklı ailelerin hepsinde "Konak-uy" misafir çadırları mutlaka olurdu. Uzaktan gelen önemli misafirler mutlaka bu çadırlarda agırlanırdı. 1880 yılında Ruskiy Vestnik gazetesinde Kazak göçebe köyünde kalmış bir gezginci şöyle diyor."...Kazak göçebe çadırlarında, yazın Ruslar da rahat ediyorlar. Yazın bogucu sıcaklığı çadırın içinde hissedilmiyor, içeriye yagmur yagmıyor; bu çadırlar, misafirler için hep hazır tutuluyor... Çadırlar beyaz renkli deriden yapılıyor. Varlıklı kazak köylerine uzaktan bakıldığında göçebe köyü baharın canlılığını yansıtıyor."

Eski Rusya'da, şehirlerde askeri liselerde veya diger okullarda okuyan asilzade çocukları, yaz tatillerinde göçebe köylerine arkadaşlarını davet etmeyi severlerdi. 1865 yılında Çingiz Valijanov'un köyüne misafir olan A.K.Geyis yol notlarına şöyle yazmış: "Çingiz tarafından bizim için hazırlatılan çadır çok mükemmeldi. On kanatlıydı, yüksekligi 3 m.'den fazlaydı. Üzeri işlemeli güzel bir keçeyle kaplıydı.... Kapı yerinde Çin yapımı malzemelerden hazırlanmış güzel bir battaniye asılıydı."

Dikkat edilirse Kazakistan ile ilgili fotografların hepsinin 1876 yılında kadın fotografçı Lubof Poltoratskaya tarafından çekilmiş oldugu görülür. Fotografçı Lubof Poltoratskaya, V. A. Poltoratski'nin 1870'li yıllarda Sibirya'ya yaptığı araştırma gezilerine katılmış ve 1879 yılında yayınlanan "Batı Sibirya'dan Manzaralar ve İnsanlar" adlı albümde 50 fotografı yayınlanmıştır. Aynı yıl bu çalışmasından dolayı Moskova Antropoloji Sergisi'nde gümüş madalya ödülüne layık görülmüştür.

Dr. Lezzet Tulbasiyeva ve Lale Öz

KAZAKHSTAN

Covering a large territory of 2,717,000 km^2 situated between the cold lands of Siberia and the hot countries of Central Asia, Kazakhstan is a country of forests and deserts, plains and mountain ranges. The center is occupied by the Kazakh Steppe, which presents the appearance of a great pasture land rising here and there to a height of over 1,500 m.

Kazakhs are living in Kazakhstan, most of them being found in Uzbekistan, Turkmenistan, Kirghizistan, Tajikistan, China and Mongolia. The Kazakhs derive from the reciprocal influences of a number of nomadic tribes. In the 10th century B.C. there were Persian speaking Sak tribes in Kazakhstan. This was followed by a period of Turkicisation, with the migration into the region of the Huns and other Turkish speaking tribes. Various other communities, such as the Kimaks, Karlyks, Kipchaks, Naymans and Kervits, lived in the area at various different times. With the incorporation of Kazakhstan territory in the Mongol-Tatar states (Kok Orda, Ulus Siban, Mongolia, etc.) the Mongols were completely assimilated with the local Turkish population, while the tribes and peoples in the region became completely mixed as a result of fusion, division and changes of location. At the end of the 14th and the beginning of the 15th century most of the Turkish speaking tribes were incorporated in the Uzbek and Nogai khanates. The foundation of the Kazakh Khanate in the second half of the 15th century led to the formation of three nomadic Kazakh groups: the Ulu Yüz, the Orta Yüz and the Kichi Yüz. These communities came one by one under Russian rule, remaining under Russian hegemony until the declaration of Kazakh independence in 1991.

The Kazakhs were engaged in the raising of animals, including horses and camels. The territory in which they led their nomadic life had a diameter of 1,000-1,200 km, each nomadic community having its own territory with definite borders and its own separate roads. Following the incorporation of Kazakhstan under Russian rule, the Kazakhs began to engage in agriculture and to sow maize and wheat.

The apparel worn by the Kazakhs gave a clear indication of the gender, age and civil status of the wearer. For example, on marriage, a girl would exchange her elegant, decorative maiden headgear for a *saukele*. No matter what the financial status of the family might be, this headgear always remained a valuable piece of female apparel and as soon as a girl was born they would begin to collect the decorations to be used in adorning the *saukele*. A finely adorned *saukele* could possess a value equivalent to that of a hundred fine horses. As the *saukele,* which marked a turning-point in a woman's life, was rather heavy, it was worn continuously only in the first year of marriage, though for the first five years it continued to be worn on *bayrams* and festivals. In the second year of marriage a plain, simple type of headgear known as a *jelek* began to be worn. On giving birth to a child the woman exchanged the *jelek* for a *kimeşek*, a headgear worn by women between twenty-five and forty-five years of age. The *saukele*, the most important decorative accessory at weddings, besides being a bridal headgear also formed the bridal trousseau. In composition, the *saukeles* were reminiscent of the crown worn by the Issyk tzar.

Viewed from the outside, the *yurts,* or nomadic tents, consisted of a single dome-shaped structure. These *yurts* were composed of walls produced by joining together wings known as *kerege* surmounted by a dome resting on these walls, which would be made of straw covered with felt. It took no more than half an hour to erect these tents and many travelers were amazed to see a whole nomadic village composed of white and gray tents spring up in a few hours in an otherwise completely deserted spot. A dwelling of several rooms could be created by joining several tents together. The tents were also very easy to dismantle. The *yurts* could be increased or reduced in size, and the height could also be adjusted. The dimensions of the pieces of which the tents were composed were never fortuitous. In earlier times, standard spare parts were prepared by master craftsmen known as *uyshi,* and if any part of the tent became damaged, the necessary part could be purchased from craftsmen trading in these pieces and the damaged part replaced by a new one.

Scholars agree that the *yurt* is the most suitable type of dwelling for nomadic life. They are a very healthy type of dwelling, with an opening at the top that affords both light and good ventilation, with the result that in the hot, dry steppe climate the interior of the tent remains cool and airy. The nomads frequently move from one site to another, remaining in one spot for some 10-15 days, and spend the hottest months of the year in a clean and healthy atmosphere. It is well-known that, in war-time, soldiers sleeping in a normal tent in winter have often been frozen to death, while nothing happened to those sleeping in a nomadic tent. Researchers have confirmed that the felt covering on the roof of the nomadic tents is waterproof, and the fact that the fibres of the felt allow the water to run off freely prevents the formation of any humidity within the tent itself. As any dust falling on the floor of the tent is absorbed by the rugs the air remains clean and pure.

In these tents are to be found every type of decorative technique from carved wood and bone to stamped leather and embroidery. Only the plainest and simplest of these have survived to the present day, but even these serve to give valuable information as regards the aesthetic approach of the nomads. Medieval travelers of the 9th to the 16th centuries express the greatest admiration in describing the nomad tents. The roofs of the tents, known in olden times as *kibitka,* were covered with embroidered felt of various colors under which sultans and nobles would sit. Just as German taste was fashionable in Rome in the 2nd century and Khazar taste in Byzantium in the 8th century, so Turkish taste was fashionable in China in the 7th century, nomadic traditions, costumes and dwellings finding great favour among the Chinese aristocracy. The 7th century Chinese found Turkish nomad tents much healthier than Chinese dwelling houses, and Chinese nobles would have nomad tents erected in the courtyards of their palace and move into them during the winter months.

In the old days, there was great variation in Central Asia in the size of the tents, which ranged from tents with four to tents with thirty wings. The living space occupied by a four-winged tent was 15-16 m^2, and an increase in the length of one of the wings would raise the living space of the tent by 4-5 m^2. The nomad tents with eighteen or thirty wings to be found among the Kazakh nomads (145 m^2) belonged to leaders of powerful tribes. These tents were highly decorated, with red as the generally dominant color. The decoration included carving on bone and gold embroidery. The walls and floors were covered with colorful rugs and the tents contained silver panels, beautiful cupboards decorated with inlay on bone, velvet covers and cushions, elegant vessels of glass or silver, weapons, saddles and beautifully decorated musical instruments. The felt covering the nomad tents was whitewashed with bone dust which lent it a pure white color. On special feast days and *bayrams* the tents would be covered with red felt.

The wealthier nomads would use tents of different sizes and various different functions. These included official tents, guest tents known as *konak-uy,* kitchen tents, rest tents and various other tents serving the needs of the family. All the well-off families with relatives in remote nomad villages and cities had *konak-uy,* guest tents in which they also welcomed important visitors from afar. The following comment by a traveler who had stayed in a Kazakh nomad village appeared in the *Ruskiy Vestrnik* newspaper in 1880: "...The Russians find Kazakh nomad tents very comfortable in summer. The suffocating heat of the summer months is not felt inside the tent, no rain enters it and there is always a guest tent ready to receive visitors. These tents are made of white leather and when viewed from a distance the wealthy nomad villages reflect all the vitality of spring."

Children of noble families studying in the military leeches or other schools in the old Russian cities liked to invite their friends to the nomad villages during the summer holidays. A.K.Geyis, who was a visitor in Chingiz Valijanov's village in 1865, entered the following comment in his travel notebook: "The tent Chingiz had prepared for us was absolutely perfect. It had ten wings, it was over 3 m high and was covered with beautifully embroidered felt. The doorway was covered with a lovely blanket prepared from material of Chinese manufacture."

One may note that all the photographs of Kazakhstan were taken by the female photographer Lubof Poltoratskaya in 1876. The photographer Lubof Poltoratskaya accompanied V.A.Poltoratsky on his research excursion to Siberia in the 1870s and fifty of her photographs were reproduced in an album entitled *"People and Scenes from Western Siberia"* published in 1879. In the same year she was awarded a silver medal at the Moscow Anthropology Exhibition for her work.

Prepared by Dr. Lezzet Tulbasiyeva and Lale Öz

КАЗАХСТАН

Казахстан, обширный по площади (2.717 тысяч кв.м) и расположенный между холодной Сибирью и жаркой Средней Азией,-это страна, где встретились леса с пустынями, высокие горные цепи с равнинами. В центре республики лежат казахские степи: ровные пространства, перемежающиеся с возвышенностями, высота которых иногда доходит до 1500 м. К востоку от Аральского моря расположена пустыня Каракум. Климат Казахстана резко-континентальный, с холодной зимой и жарким летом.

Наряду с Казахстаном казахи также живут в Узбекистане, Туркменистане, Киргизстане, Таджикистане, Китае и Монголии. Казахи произошли от ассимиляции разнородных кочевых племен. В 1-ом тысячелетии до н. э. Казахстан был зоной обитания ираноязычных сакских племен. Далее происходили сложные процессы тюркизации, связанные с миграцией хунну и других тюркоязычных племен на территорию Казахстана. В разное время в регионе проживало много общин: кимаки, карлуки, кипчаки, найманы, кервиты и т.д. Монгольское завоевание и вхождение территории Казахстана в состав монголо-татарских государств (Кок-Орда, улус Сибана, Моголистан) оказали значительное воздействие на этнические процессы, вызвав перемещение, дробление и объединение различных племен и народностей, в ходе которых монголы полностью ассимилировались с местным тюркским населением. В конце 14- начале 15 вв. большинство тюркоязычных племен Казахстана вошли в состав Узбекского и Ногайского ханств. Во второй половине 15 века в связи с возникновением Казахского ханства образовалось три кочевых объединения: Улу Жуз, Орта Жуз и Кичи Жуз. Со времен перехода этих групп под российское правление, казахи оставались поддаными русских до объявления независимости Казахстана в 1991-ом году.

Традиционное занятие - кочевое скотоводство, в том числе разведение лошадей и верблюдов. Радиус перекочевок достигал 1000-1200 км. Каждая кочевая группа имела строго определенные пастбища и кочевые пути. После присоединения Казахстана к Росии казахи начали больше заниматься земледелием, сеяли просо и пщеницу.

Этикет одежды у казахов четко определяет пол, возраст, семейное положение человека. Так, например, девушка, выходя замуж, сменяет легкую нарядную шапку на саукеле, который независимо от имущественного положения семьи, всегда был достаточно дорогой частью женского гардероба, поскольку драгоценные украшения для него собирались со дня рождения девочки. Известны саукеле, стоимость которых равнялась стоимости 100 отборных лошадей. Как бы напоминая о резкой перемене в жизни женщины, он был к тому же очень тяжелым и носился лишь в первое время после замужества, а в течение последующих пяти лет - только в большие праздники. По прошествии одного года замужняя женщина должна была носить скромный головный убор - желек. После рождения ребенка молодая женщина сменяла желек на другой головной убор - кимешек, обычно носившийся в возрасте от 25 до 45 лет. Саукеле, которому казахи придавали огромное значение в свадебном ритуале и который служил скорее оберегом для девушки, чем частью ее свадебного костюма, по своей композиции повторял корону Иссыкского царя.

Кочевая палатка-юрта по внешнему облику представляет собой купольный монолит. Юрты образуются из стен, состоящих из крыльев "кереге" и купола, установленного на стены. Стены - кереге обкладываются циновками, а поверх их покрываются войлочными полотнищами. Установить жилище кочевника можно менее, чем за полчаса, и многих путешественников поражало, как на глазах на пустом месте возникало селение из белоснежных и серых юрт. Соединяя между собой несколько юрт, получали многокомнатные помещения. Разобрать юрты можно было также быстро. При необходимости можно было изменить высоту и ширину юрты. Размеры частей, составляющих жилище, не были случайными. Мастера "уйши" изготовляли стандартные части жилья и поэтому при повреждении любой секции ее можно было заменить новой, купив в торгово - ремесленных рядах на базаре.

Специалисты пришли к единому выводу, что нет иного жилища, кроме юрты, которое соответствовало бы условиям кочевой жизни. С круглым отверстием наверху юрта является жильем гигиеничным, светлым и хорошо вентилируемым; горячий степной воздух также поддерживает гигиенические достоинства юрты. В течение 6-7 месяцев кочевники охватывали 15-20 мест, пребывая на каждом из них 10-15 дней. Таким образом все теплое время года они жили здоровой жизнью на чистом воздухе. Многие воины, жившие в палатках обмораживались, те же, кто ночевал в юртах оставались целы и невредимы. Современные ученые установили, что войлочный покров непромокаем, ибо при строго определенном расположении волокон влага не успевает проникнуть вовнутрь и свободно стекает, а свойство ковров поглощать пыль сохраняло воздух в юрте чистым.

Для украшения юрт использовались многие элементы декоративно-прикладного искусства: резьба по дереву и кости, тиснение по коже, вышивка и т. д. До нашего времени дошли их наиболее упрощенные виды, но и они многое дают для понимания эстетических представлений кочевников. Средневековые путешественники 9-16 веков с восторгом писали о юртах. Поверху кибитку (юрту) покрывали войлоком разнообразной и редкостной окраски. В них жили султаны и знатные казахи. В 7-ом веке в Китае появилась мода на все тюркское, подобно тому, как в Риме 2-го века подражали германским вкусам, а в Византии 8-го века - хазарским. Больше всего китайцам понравилась юрта, которая в зимнее время была более совершенным жилищем, нежели китайские дома 7-го века. Китайские вельможи ставили юрты у себя во дворе и переселялись в них на зиму.

Существовали юрты разных размеров, начиная с четырехканатных и до тридцатиканатных. Площадь четырехканатной юрты 15-16 кв.м, а при увеличении протяженности стены на один канат, размеры помещения соответственно увеличиваются на 4-5 кв.м. У казахов 18-30-канатные юрты (145 кв.м.) принадлежали властителям сильных племен. В них преобладал красный цвет, золотое шитье и резьба по кости. Стены и пол покрывали многоцветные ковры, бархатные, вышитые золотыми нитями покрывала, подушки; стояли изящные шкафчики инкрустированные резной костью и серебряными пластинками, обитые блестящей тисненой кожей сундуки, стройные, затейливые сосуды из стекла и серебра; лежали оружие и седла, музыкальные инструменты, покрытые изумительными орнаментами. Белоснежные войлочные полотнища юрт пропитывали известью или костной мукой. А в особо торжественных случаях покрывали красным.

Богачи использовали разные по назначению юрты; например, официальные юрты, гостевые (конак-уй), юрты-кухни, юрты для отдыха и другие, в зависимости от потребности семьи. Конак-уй - нарядные юрты для гостей были у всех богатых семей, родственники которых жили в дальних кочевых селениях и городах. Всех почетных гостей, приезжавших издалека, обязательно принимали в этих юртах. Так, погостив в казахском селении, путешественник писал в "Руском вестнике" в 1880 году, "... летом казахская юрта и для русского человека предоставляет много приятных минут!... летняя жара не тяготит в ней, дождь в нее не проникает. Подобные юрты у них всегда готовы для приема гостей. эти юрты делают из белой кожи, так что кочевое село издали похоже на ожившую весну".

Образованная казахская молодежь, обучавшаяся в городах в кадетских корпусах и других учебных заведениях и приезжавшая на летние каникулы в село, также любила принимать своих друзей и гостей в таких юртах. Вот как описывает А. К. Гейис в своих путевых заметках лета 1865 года посещение села Чингиза Валижанова: "Юрта, приготовленная нам Чингизом, превосходит все, что я видел до сих пор. Она десятиканатная, высота ее более 3 м. Юрта обложена красивыми вышитыми войлоками.... Вместо двери висело красное стеганое сукно, подвитое китайской материей".

Если обратить внимание на снимки, то видно, что они были сделаны в

1876 году Любовью Полторацкой, женщиной-фотографом. В 1870-х годах фотограф Полторацкая участвовала в сибирских экспедициях исследователя В.А. Полторацкого и ее 50 фотографий были опубликованы в альбоме "Виды и типы Западной Сибири". За этот альбом она была удостоена Большой серебряной медали на Московской антропологической выставке 1879 года.

Др Леззет Тюльбасиева и Лале Оз

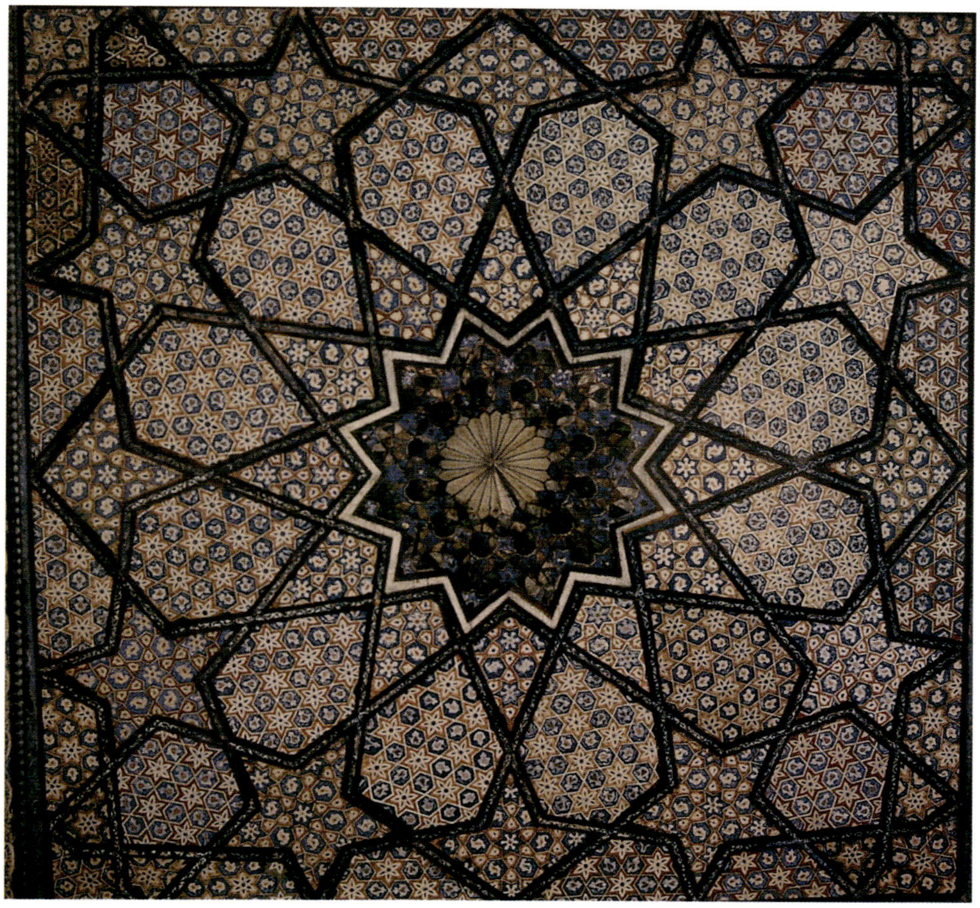

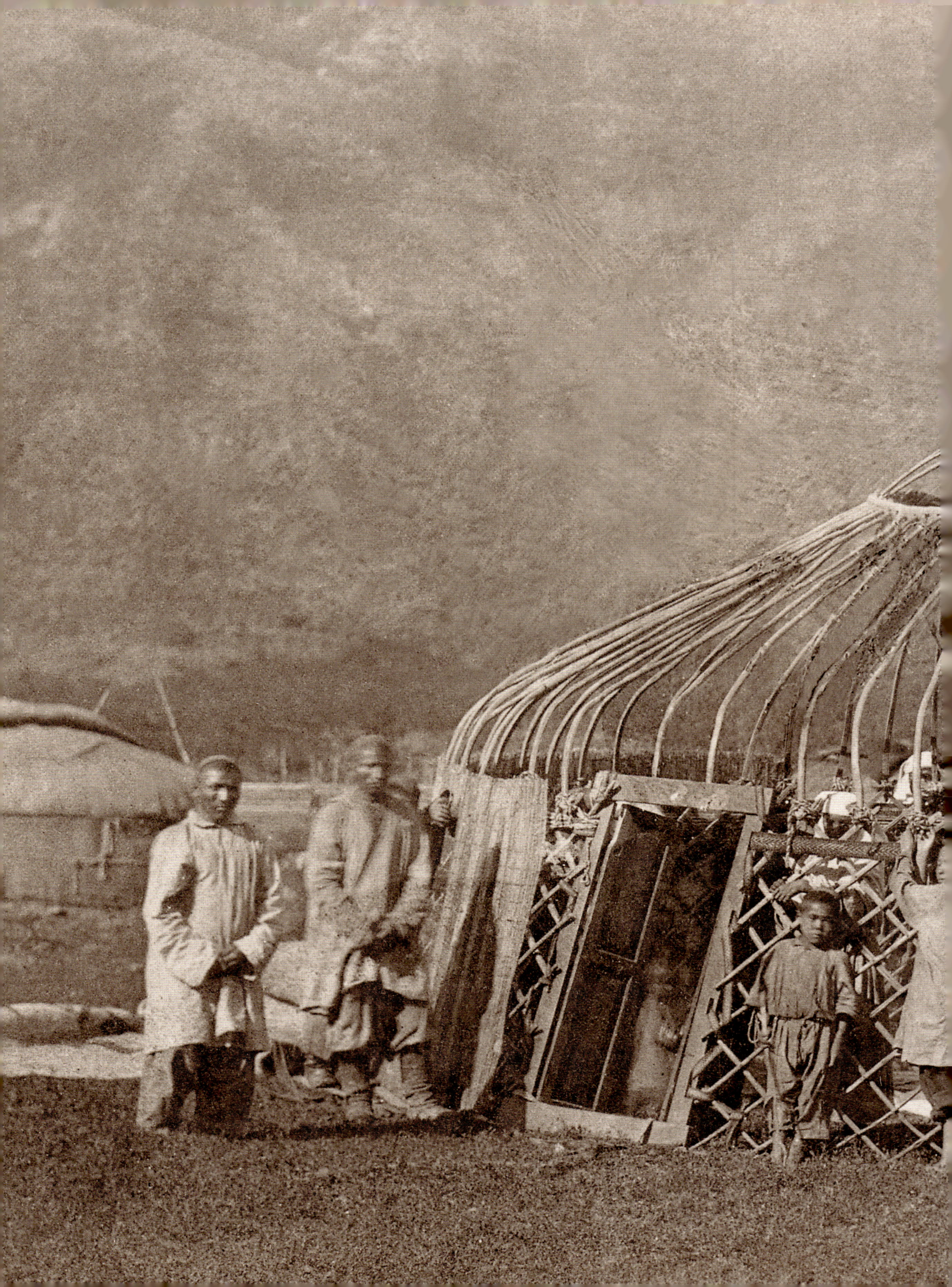

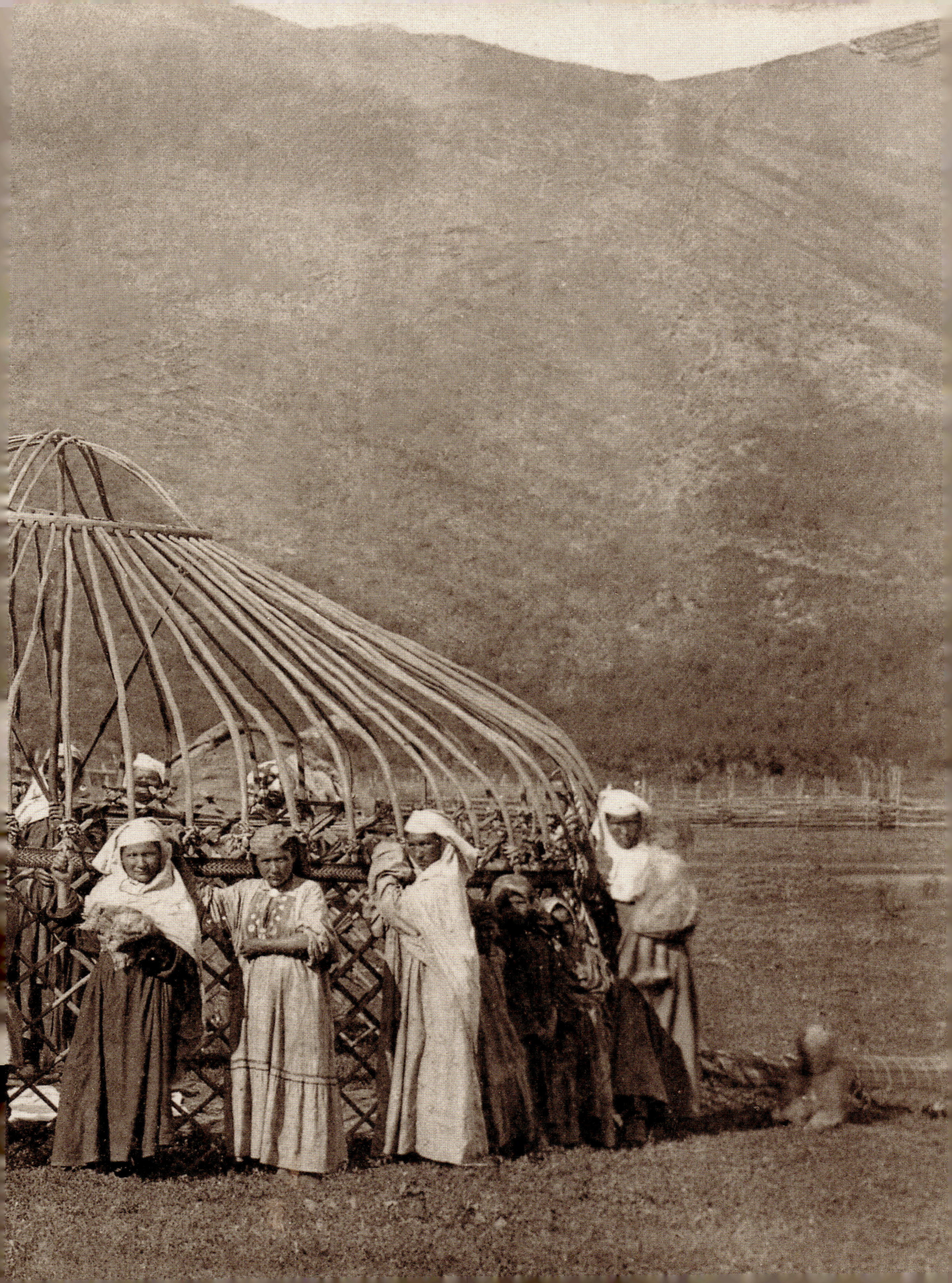

Kırgızistan. Dungan Kadınlar
Tarih ve fotoğrafçı bilinmiyor
Kirghizistan. Dungan women
Date and photographer unknown
Киргизия. Женщины-дунганы
Фотограф и дата неизвестны

Önceki sayfalar
Kazakistan. Semipalatinsk Bölgesinde yurt
L. Poltoratskaya, 1876
Previous pages
Kazakhstan. A yurt in the Semipalatinsk region.
L. Poltoratskaya, 1876
Предыдущие страницы
Казахстан.
Юрта в Семипалатинске
Л. Полторацкая, 1876

Moğolistan. Yurtta aile
Ergun Çağatay, 1994
Mogolistan. Family in yurt
Ergun Cagatay, 1994
Монголия. Семья в юрте
Эргун Чагатай, 1994

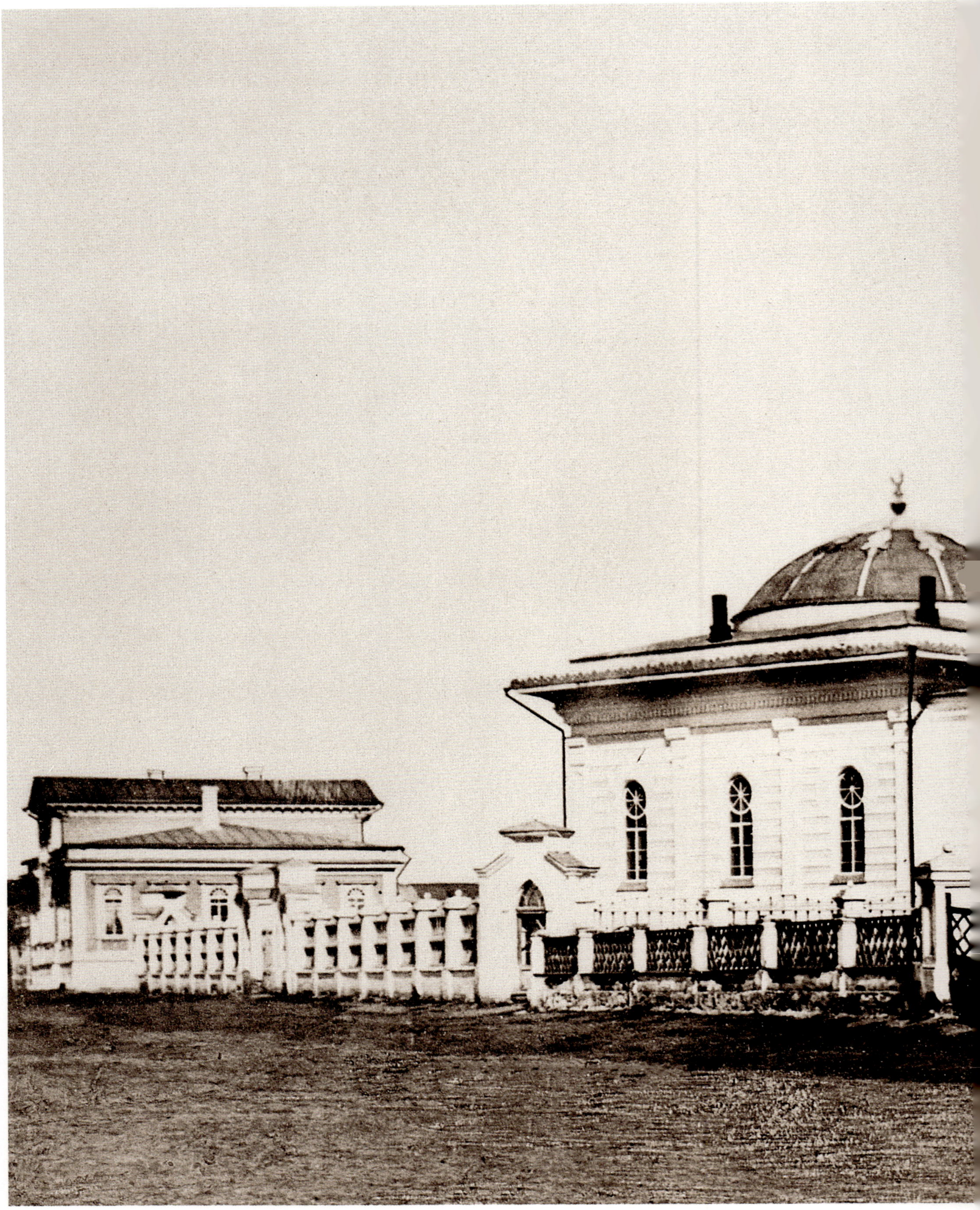

Kazakistan.
Semipalatinsk
Merkez Camisi
L. Poltoratskaya, 1876
*Kazakhstan.
The Semipalatinsk
central mosque
L. Poltoratskaya, 1876*
**Казахстан.
Центральная мечеть в Семипалатинске
Л. Полторацкая, 1876**

Kazakistan.
Semipalatinsk'te gelin
(Fotoğrafçı tarafından
elle boyanmıştır)
L. Poltoratskaya, 1876
*Kazakhstan. A bride in the
Semipalatinsk region
(Hand-painted by the
photographer)*
L. Poltoratskaya, 1876
**Казахстан. Невеста в
Семипалатинске
(Закрашен фотографом)
Л. Полторацкая, 1876**

Karşı sayfa
Kazakistan.
Semipalatinsk'te gelin ve
arka planda avcılar
(Fotoğrafçı tarafından
elle boyanmıştır)
L. Polttoratskaya, 1876
*Opposite page
Kazakhstan. A bride and the
hunters in Semipalatinsk
(Hand-painted by the
photographer)*
L. Poltoratskaya, 1876
**Соседняя страница
Казахстан. Невеста и в
задней стороне охотники
в Семипалатинске
(Закрашен фотографом)
Л. Полторацкая, 1876**

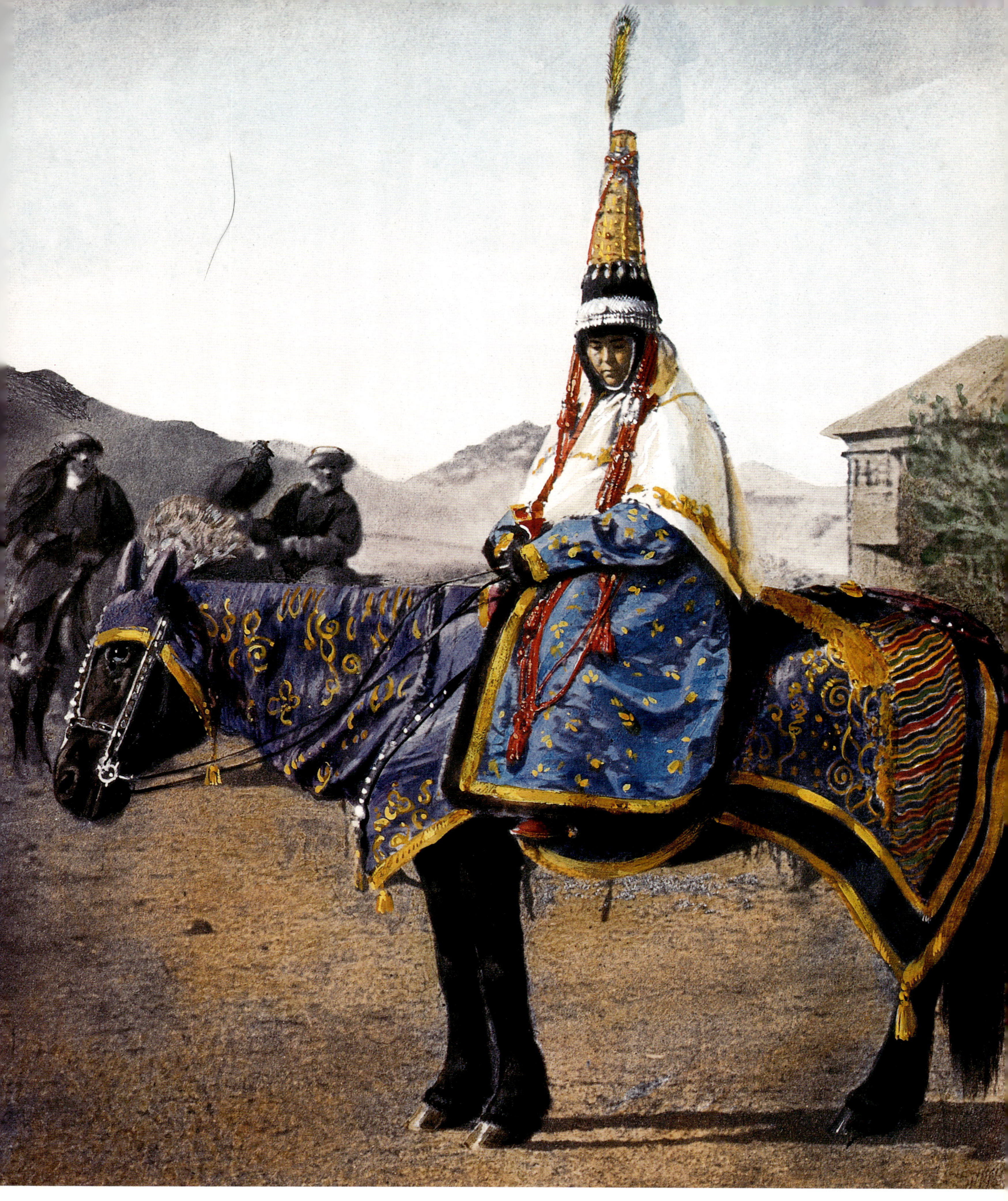

Kazakistan. Şahinleriyle Kazak avcıları
L. Poltoratskaya, 1876
The Kazakh hunters with their falcons
L. Poltoratskaya, 1876
Казахстан. Казахские охотники со своими соколами
Л. Полторацкая, 1876

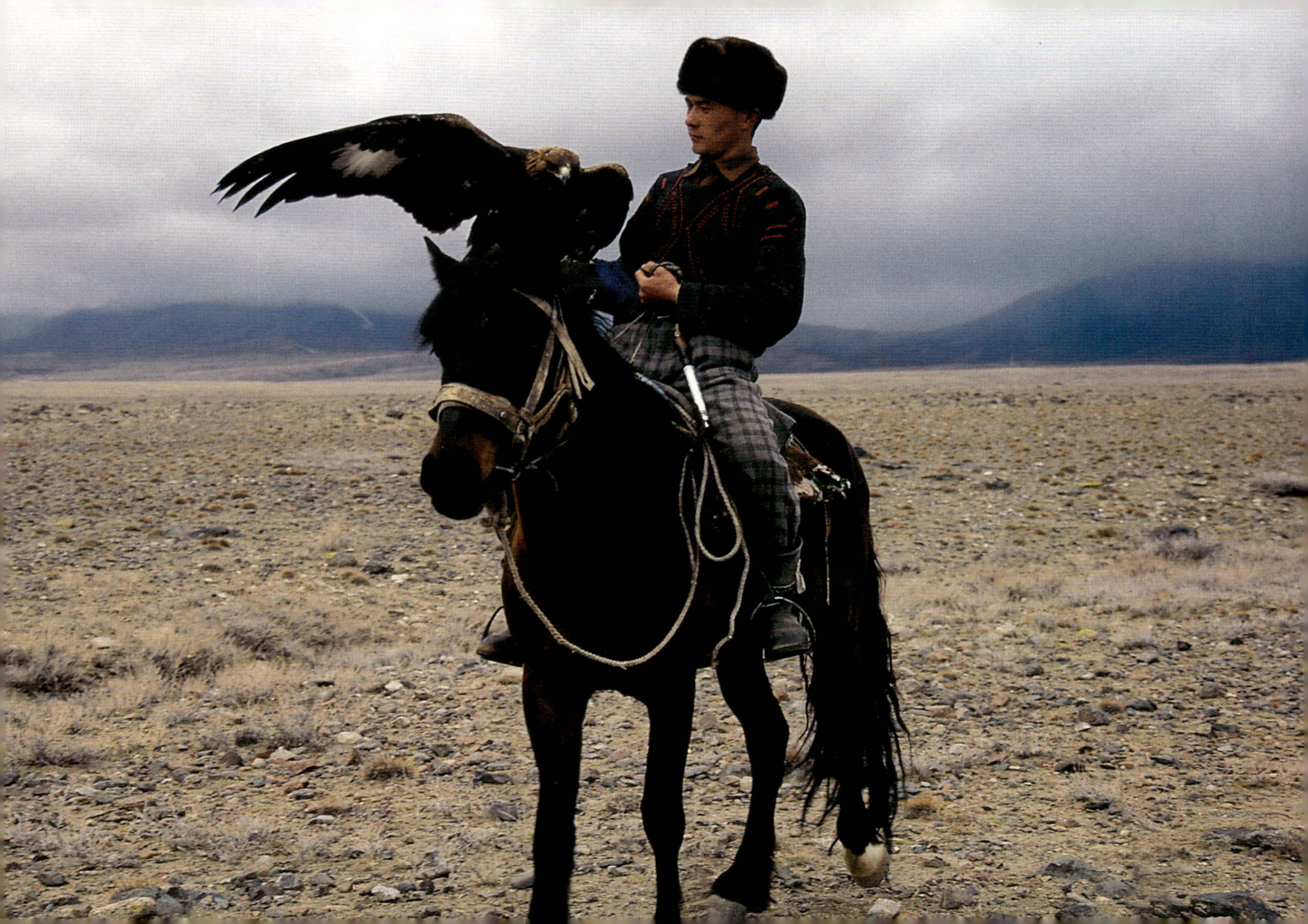

Kazakistan. Av ve avcı (fotoğrafçı tarafından elle boyanmıştır).
L. Poltoratskaya, 1876
Kazakhstan. The hunter and the hunted. (Hand painted by the photographer)
L. Poltoratskaya, 1876
Казахстан. Охотник и дичь (Закрашен фотографом)
Л. Полторацкая, 1876

Kazakistan. Beşikte bebek ve kadınlar
L. Poltoratskaya, 1876
Kazakhstan. Baby in the cradle and women
L. Poltoratskaya, 1876
Казахстан. Женщины и ребенок в люльке
Л. Полторацкая, 1876

Kazakistan. Göç
L. Poltoratskaya, 1876
Kazakhstan. Emmigration
L. Poltoratskaya, 1876
Казахстан. Переселение
Л. Полторацкая, 1876

Sonraki sayfalar
Kazakistan. Sir-i Derya kıyısında Aulie-Ata'da pazar
Tarih ve fotoğrafçı bilinmiyor.
*Continuing pages
Kazakhstan. A bazaar in Aulie-Ata at the seaside of Sir-i Darya
Date and photographer unknown*
**Последующие страницы
Казахстан. Рынок в Аули-Ате на берегу Сир-Даря
Фотограф и дата неизвестны**

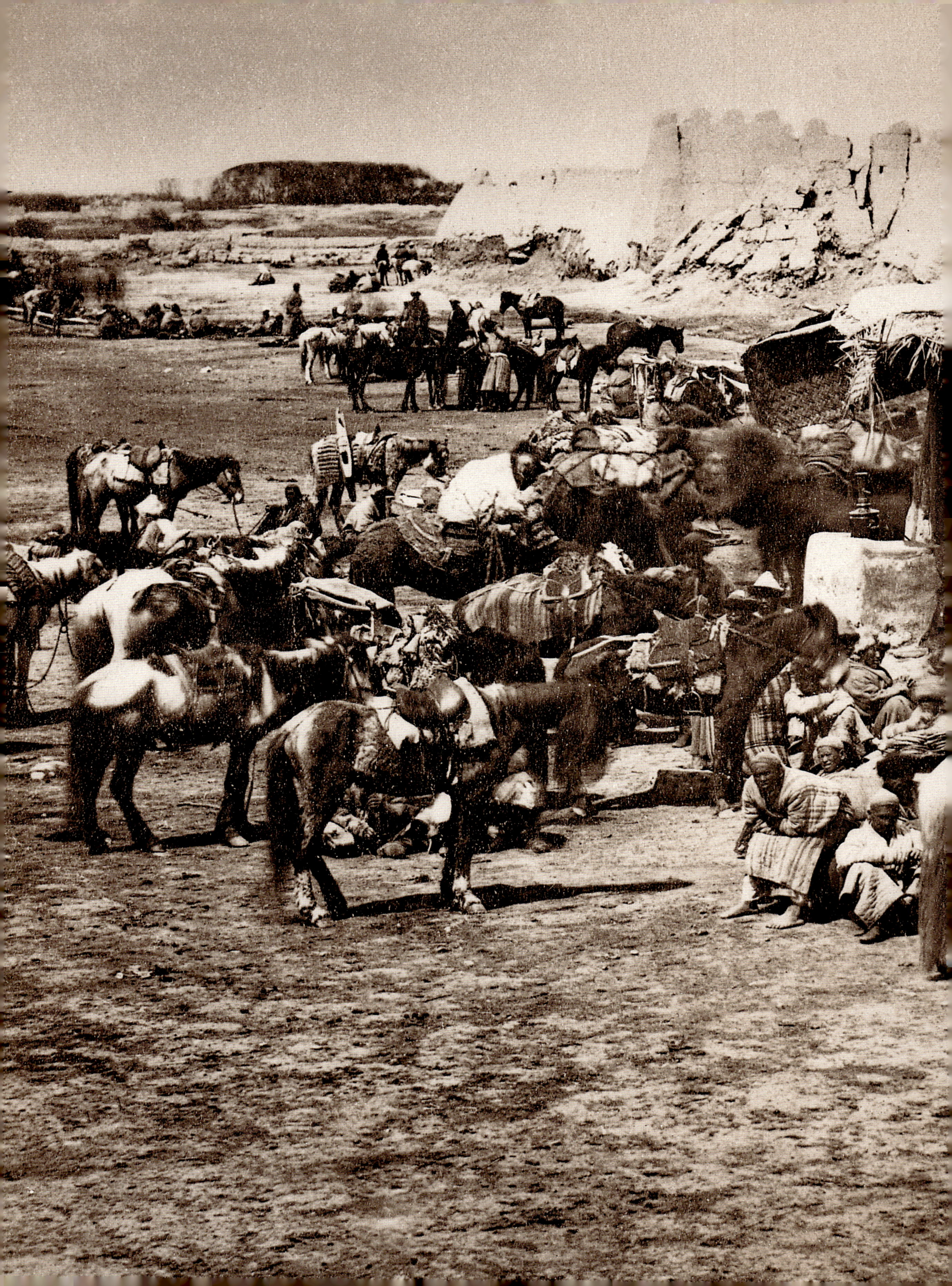

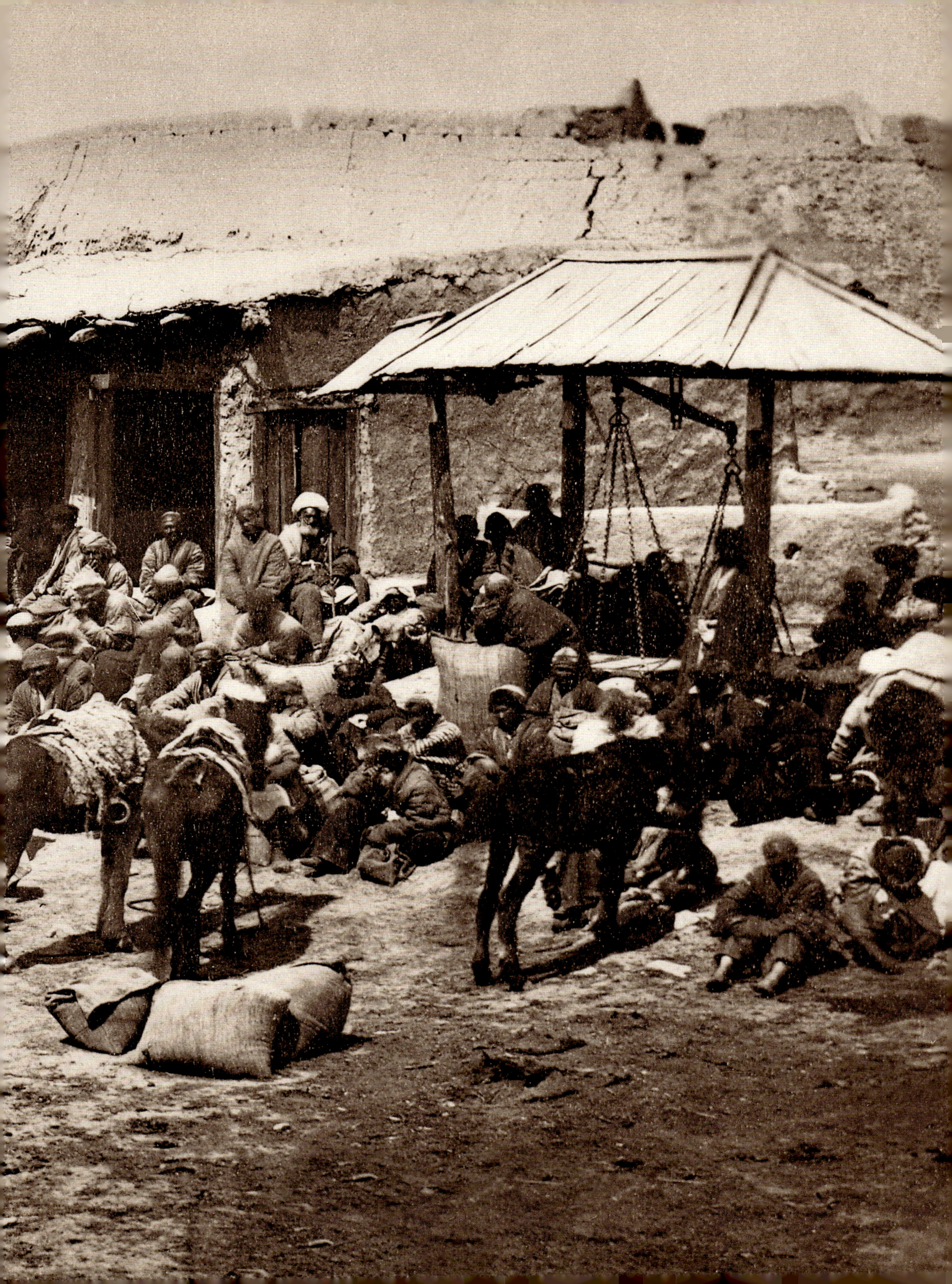

Kırgızistan. At çobanları
Ergun Çağatay, 1995
Kirghizistan. Horse shepherds
Ergun Çağatay, 1995
Киргизия. Пастухи лошадей
Эргун Чагатай, 1995

Mogolistan. Yak çobanları
Ergun Çağatay, 1994
Mogolistan. Yak shepherds
Ergun Çağatay, 1994
Монголия. Пастухи
Эргун Чагатай, 1994

Bozkaşi

Eski bir Orta Asya geleneği olan Bozkaşi oyunu, atla oynanan sert bir oyundur. Bir kuzunun veya keçinin başı kesilir ve kesik yer dikilir. At üzerindeki bir oyuncu bu hayvanı iki bacağının arasına veya eğerine alarak, meydanda önceden belirlenen noktaya ulaştırmaya çalışır. Yol boyunca diğer atlılar, onu kırbaçlayarak engellemeye çalışırlar. Bu oyunun çok az kuralı vardır ve göçebelerin vahşi step hayatının bir yansımasıdır. Bir zamanlar Orta Asya'da çok yaygın olan Bozkaşi bugün Afganistan'da hala oynanır. Ancak Kazakistan, Özbekistan ve Kırgızistan'da; çok tehlikeli olduğu için yöneticiler tarafından sık sık yasaklanır.

Buzkashi

Buzkashi, played on horseback, is a rough traditional game once very popular in Central Asia. The game demands physically fit expert riders who can endure the tough tactics of the other players. The object of the game is to carry away a newly-slaughtered headless sheep or goat (neatly sewn at the neck), to a pre-determined point. While one of the riders tries to gallop away to the winning point with the animal's body between his legs, his opponents use every trick and means to stop him. Using whips, pushing, or trying to unmount the rider, are some of the rough tactics of the game. The game itself has very few rules and is a very good reflection of the old and wild nomadic life in the Central Asian steppes. Today Buzkashi is played widely in Afghanistan but has far less possibility of being played in Kazakhstan, Uzbekistan and Kirghizistan due to the restrictions of the authorities, because of its dangerous and sometimes fatal consequences.

Бозкаши

Старинная традиционная среднеазиатская игра. В ней участвуют конные всадники, и правила игры очень жесткие. Ягненку или козе отсекают голову и зашивают место отсечения. Всадник берет животное на лошадь и старается доскакать до определенной точки на игровой площадке. Одновременно другие участники пытаются препятствовать его продвижению, нахлестывая плетками. Игра имеет мало правил и она - отражение дикой степной жизни кочевников. Состязание "Бозкаши" было когда-то очень широко распространено в Среднеы Азии, и оно до сих пор проводится в Афганистане. Однако в Казахстане, Узбекистане и Киргизстане власти зачастую налагают запрет на эту игру, поскольку она небезопасна.

Semerkand. Bozkaşi Oyunu
I.Vvedenski, 1894-1897
Samarkand. The game of Buzkashi
I. Vvedensky, 1894-1897
Самарканд. Игра Бозкаши
И. Введенский, 1894-1897

Bugün Kırgızistan'da Bozkasi
Ergun Çagatay, 1995
The game of Buzkashi in Kirghizia today
Ergun Çagatay, 1995
Бозкаши в Киргизии в нынешнее время
Эргун Чагатай, 1995

Bugün Kırgızistan'da Bozkasi
Ergun Çagatay, 1995
The game of Buzkashi in Kirghizia today
Ergun Çagatay, 1995
Бозкаши в Киргизии в нынейшее время
Эргун Чагатай, 1995

Sonraki sayfalar
194-195-Semerkand:Bozkasi Oyunu
I.Vvedenski, 1894-1897
Continuing pages
Samarkand. The game of Buzkashi
I. Vvedensky, 1894-1897
Последующие страницы
Самарканд. Игра Бозкаши
И. Введенский, 1894-1897

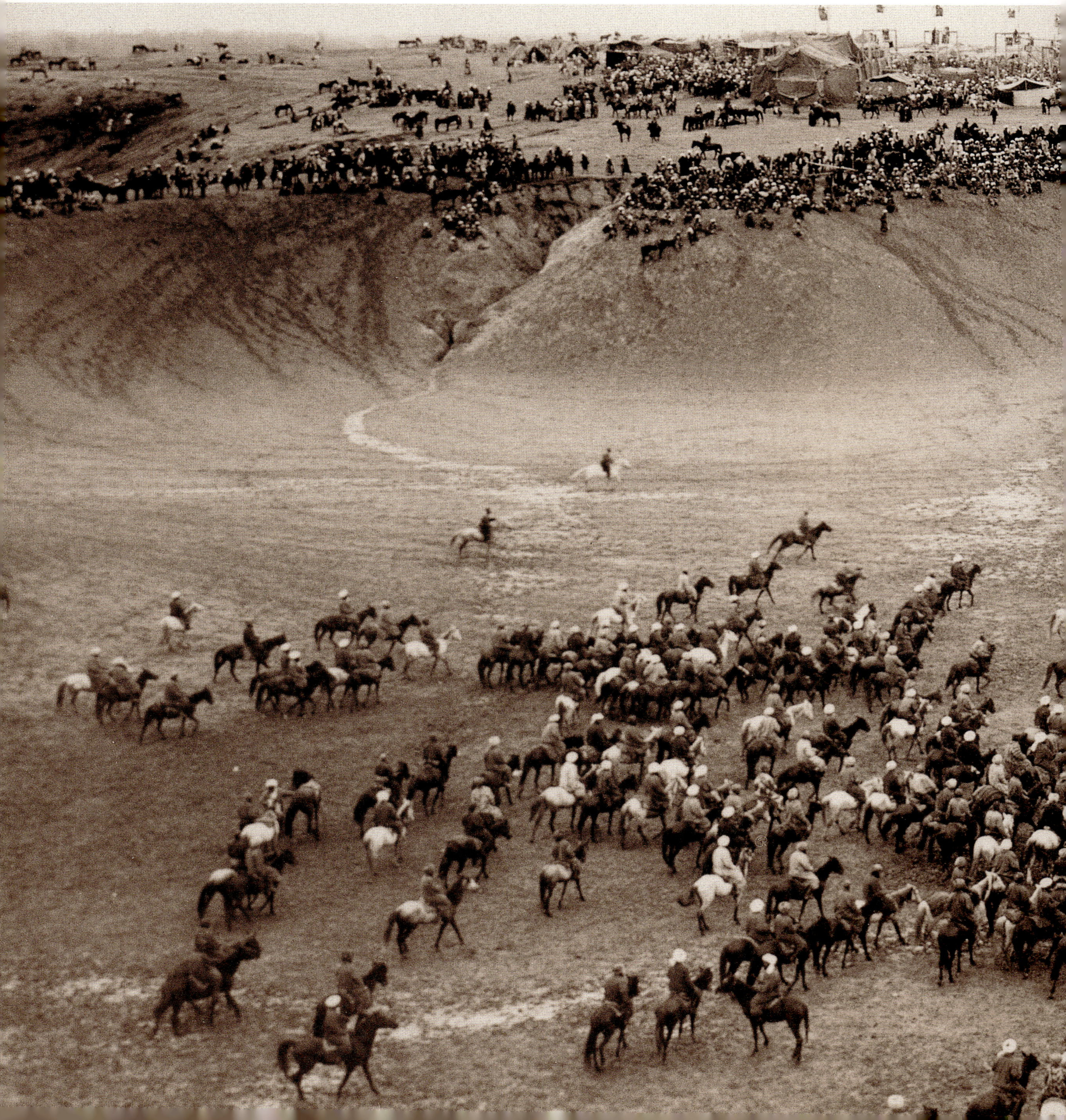

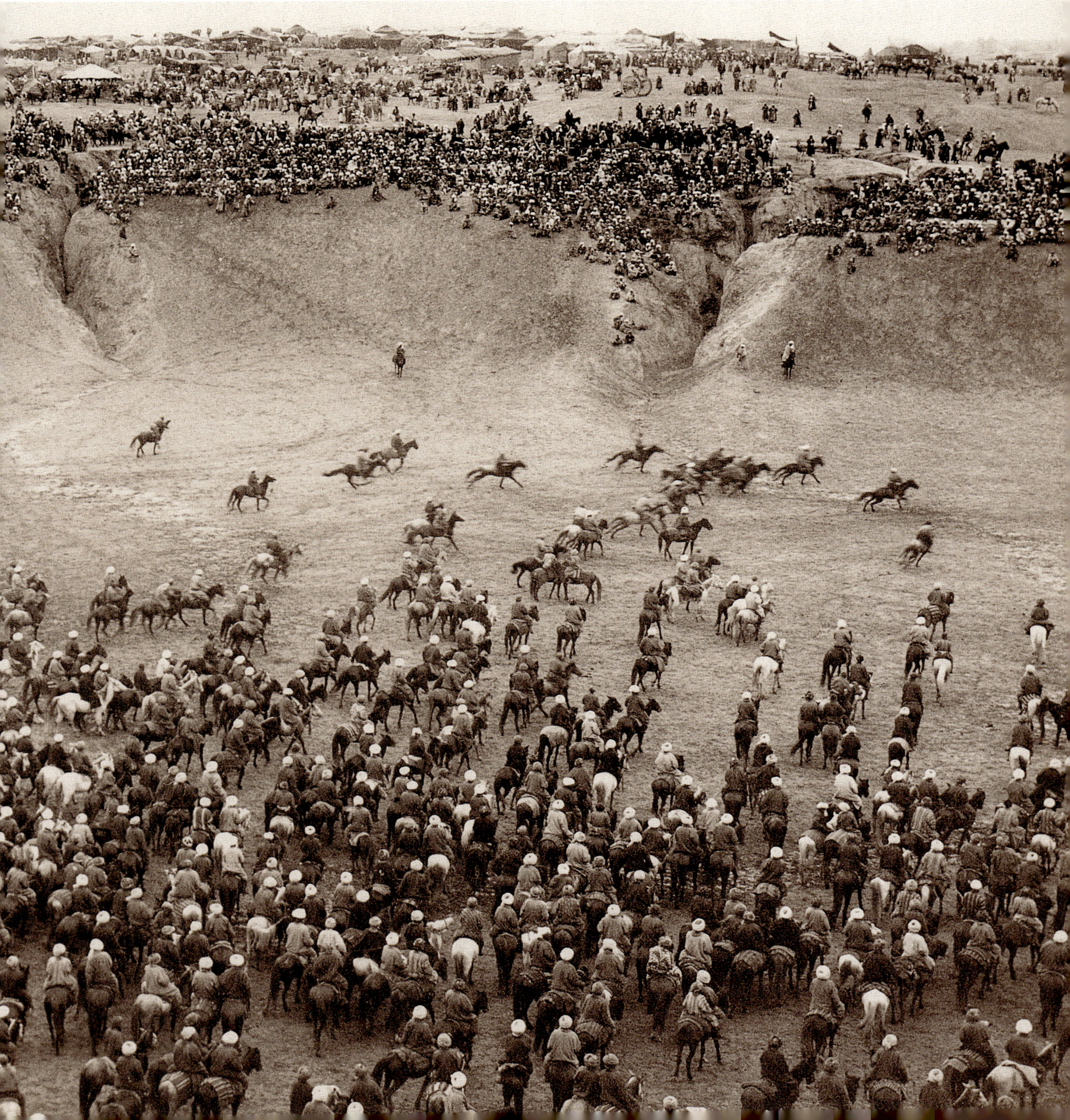

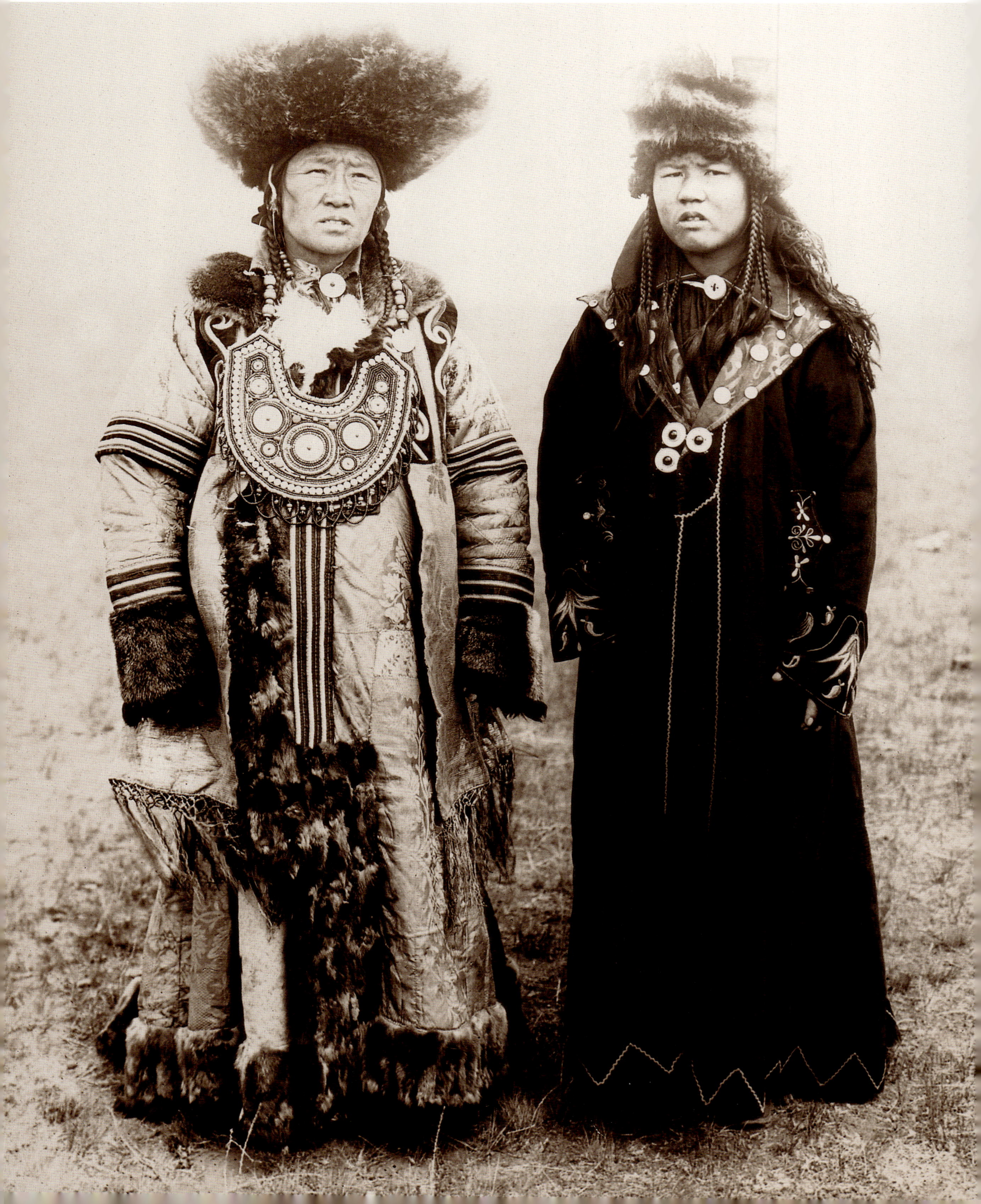

HAKASYA, ALTAY, TUVA

Rusya Federasyonu sınırları içinde yer alan Hakasya, Altay ve Tuva Cumhuriyetleri, aynı etnik ve kültürel kökeni paylaşırlar. Bu bölgelerde yerel nüfus, kırsal kesimlerde daha fazla olmakla birlikte, yogunluk gösteremediginden yerel kültürün sürekliligi saglanamamaktadır. Özellikle 1950-60 yıllarında sürdürülen, Sovyet endüstrileşme politikasının sonucunda batıdan gelen Rus nüfus ve yeni kurulan başkentlerdeki yerel nüfusun azınlıkta kalması kültürel asimilasyonda etkili olmuştur.

Bugün sayıları 70 bin civarında olan Hakas Türkleri, daha çok başkent Abakan'da ve Yenisey ırmagı kıyılarında yaşamaktadırlar. Kendi aralarında Sagay, Beltir, Kaçin, Koybal, Kızıl, Şor, Kamasin, vb. gibi boylara; bu boylar da çeşitli oymaklara ayrılırlar. Yeraltı madenleri bakımından oldukça zengin olan ülkede, 1930'lu yıllardan itibaren, altın sanayisinin gelişmesiyle birlikte birçok maden ocagının açılması, çok sayıda yeni köyün oluşmasına neden olmuştur. Ayrıca demiryolu hattı boyunca işçi köyleri ortaya çıkmıştır. Bugün cumhuriyette 4 şehir, 18 işçi köyü ve 300'den fazla boy ve oymak vardır. Başkent Abakan'ın nüfusu Ekim Devrimi'nden önce 1500 iken, bugün otuzdan fazla halkıyla 160 bine ulaşmıştır. Resmi dil Hakasça, Sagay ve Beltir dillerinden 1930 yılında oluşturulmuştur. Türkologlara göre Hakasçanın kökeni Kırgızca ve eski Uygurca'dır.

Beltir ve Şor kabileleri vahşi hayvan avcılıgı ile ugraşırken, 18. yy.'da Ruslar'ın etkisiyle tarım ve hayvancılık yapmışlardır. Yenisey kıyılarından göçen Koyballar, daha sonra "Koybal Bozkırı" adını alan ve Yenisey ile Abakan ırmakları arasında kalan bölgeye yerleştikten sonra; eski yerlerinde daha çok avcılıkla ugraşmalarına ragmen, yeni yerlerinde tarım ve hayvancılık yapmaya başlamışlardır. "Kurgan" adı verilen eski taş heykellerden, genel olarak Hakaslar'ın çok eski zamanlardan beri sadece avcılık ve balıkçılıkla degil, aynı zamanda tarımla da ugraştıkları anlaşılmıştır. Orman içlerinde yaşayan Kızıllar'ın geçim kaynagı balıkçılık ve avcılık, Sagaylar'ın ve Kaçinler'in ise hayvancılıktı. Hakaslar, Ruslar'ın gelişine dek kışın keçe, yazın akagaç kabukları ile kaplanan göçebe çadırlarında - 'yurt'larda - yaşıyorlardı.

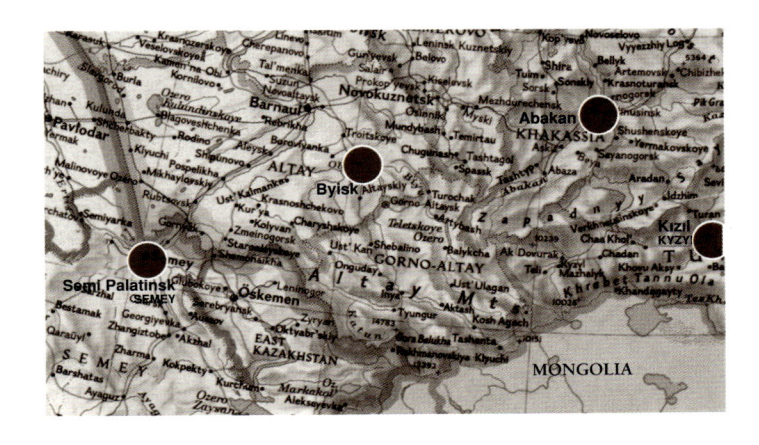

XVII. ve XVIII. yy.'larda Çarlık Rusyası'nın egemenligi altına giren Hakasya, önceleri Rus kaşiflerinin ilgisini çekmiş, sonra da Rus göçmenlerine yurt olmuştur. 325 yıl süren Rus yönetimi, Şamanizme inanan Hakas Türklerini Rus Ortodoks Kilisesine baglı bir toplum haline getirmek için zorlamışsa da; bugün halk arasında, Şamanizme ve tabiat güçlerine baglı kişilere rastlamak olagandır. Hakaslar, Haziran ayında yaptıkları dini bayramlarında kurban keserler; müzikli şölenler yaparlar; kımız içerek cirit, güreş vb. oyunlar düzenlerler. Ölenleri, giysileri ve atlarının eyerleriyle birlikte

Hakasya. Gelin adayı ve kaynanası. N. Fyodorov, 1910
Khakassia. Daughter-in-law to be and mother-in-law. N. Fyodorov, 1910
Хакасия. Будущая невеста и ее теща. Н. Федоров, 1910

gömerler. Kırkıncı gün ölenin atını kurban ederek yer, atın başını mızraga geçirerek mezarın başına dikerler. Kültürlerini köylerde yaşatmaya çalışan Hakaslar'ın; bayramlar, kutlamalar, cenazeler, dinsel adetler gibi kültürel temsilleri; Sovyet bürokrasisine baglı dernekler, birlikler, vb. yoluyla yapıldıgı için yerel (kırsal) özelliklerini tamamen kaybetmişlerdir.

Hakaslar, günlük hayatta kullandıkları her şeyi kendileri yaparlardı. Çok köşeli bir *yurt* yapılacagı zaman; çadırın saglam olması ve uzun süre kullanılabilmesi için yılın hangi zamanında hangi agacın seçilmesi gerektigini çok iyi bilirlerdi. Bütün kadın giysileri işlemeliydi. Kadınlar ve erkekler, baharda ve yazın kadifeden veya çuhadan yapılmış hafif paltolar giyerlerdi. Geniş bir etegi bulunan kışlık paltoları ise bol ve uzundu. Dügün kıyafeti özenle saklanır ve kız tarafından en küçük akrabalara kadar miras yoluyla elden ele geçerdi. Gelinligin üstüne takılan ve evli kadınların kullandıgı "pogo" denen gerdanlık süslemeleriyle dikkat çekerdi. Pogoları süslemek için en iyi kalite sedef, mercan, çeşitli boncuk ve taş kullanılırdı. Bu elbiseleri dikmek öyle büyük özen, sanatsal beceri ve emek isterdi ki, bunu ancak süsleme konusunda uzmanlaşmış halk ustaları başarabilirdi. Bu süslemelerde yer alan düşünceleri, fantazileri ve sembolleri anlamak özel araştırma gerektirirdi.

Hakaslar'da genellikle, kız veya erkek çocuk ayırımı yapılmazdı. Ne kadar fazla çocuk olursa, o kadar çok, tanrıların sevgisinin kazanılacagına inanılırdı. Hala, sekiz veya daha çok çocuklu Hakas ailelerine rastlamak olagandır. "Hayat kolay degil, ama içten bir davranış ve tatlı bir söz çocuklara yeter" düşüncesi hakimdi. Genellikle çocuklara "İrkeçem" (canım, tatlım), "Kün Çari" (gün ışıgı) ve "Hura Ganım" (kuzum) gibi isimler verildiginden her evden bu adlar duyulurdu.

Hakas Cumhuriyeti'nin başkenti, adını Abakan nehrinden almıştır. Bu ismin çıkışıyla ilgili efsanelerden birinde şöyle anlatılır: çok eski zamanlarda, köylerden birine dev bir ayı dadanmış; bu ayı insanlara saldırır, hayvanları yermiş. Bu dev ayıya duyulan korku da devasaymış. Yıllar sonra köyde genç ve güçlü bir yigit yetişmiş. Bu yigit, birgün avlanırken, ayıyı agına düşürüp yaralamış. Ayı kaçmış. Delikanlı yaralı ayıyı takip etmiş ve onu ormanda bulmuş. Ayı kökünden koparılmış agaçların ve kocaman taşların arasında yatıyormuş. Hemen oracıkta ayıyı öldürmüş ve ayı kocaman bir daga dönüşmüş. Dagın eteginden aşagıdaki vadiye dogru, adeta koşarcasına, tertemiz gürül gürül bir su akmaya başlamış. Bu sular kollara ayrılarak büyük ve coşkun Abakan ırmagını oluşturmuş. Hakaslar'ın Abahan dedigi ırmak Hakasça'da "ayı kanı" anlamına gelmektedir (Aba-ayı, han-kan).

Güney Sibirya'nın en daglık bölümünde yer alan (Güneydoguda yüksekligi 4000 m.'yi aşar) ve Altay Cumhuriyeti'ni de içine alan Altay Bölgesi'nde boylar halinde yaşarlar ve sayıları 200 bin civarındadır. Adlarını Türkçe "altın" kelimesinden alan Altaylılar'ın çogu 19. yy.'da yerleşik hayata geçmişlerdir. Bölge Türklerini Güney ve Kuzey Altaylılar diye ayırmak mümkündür. Güney Altaylılar; Katunya ve Çarış ırmakları kıyılarında göçebe bir hayat süren Kalmuklar'dan, eskiden hem Ruslara hem Çinlilere vergi vermek zorunda olduklarından kendilerine Dvoyedan da denen (Rusça "iki vergi ödemekle yükümlü" anlamına gelir) Telengitler'den ve kuzeyde Tomsk yöresi, güneyde Biyve ve Katun ırmakları çevresinde oturan Karakalmuklar'dan oluşmaktadırlar. Bunlar da kendi aralarında oymaklara ayrılırlar. Kuzey Altaylıları ise; sık ormanlarla kaplı dağlarda oturan Kara Orman Türkleri (Tuvalar), Kumandılar ve Lebed ırmağı kıyılarında yaşayarak bir kuğudan türediklerine inanan Lebedler (Rusça "kuğu") oluşturur. XIX. yy.'ın ikinci yarısında Rusya'nın himayesine giren Altay, 1922'de Gorno-Altay Özerk Bölgesi olarak SSCB toprakları içinde yer almıştır. 1991 yılında "cumhuriyet" olarak Mayıs 1992'de "Altay Cumhuriyeti" adıyla Rusya Federasyonu içinde yerini almıştır.

    Altaylılar, özellikle kürklü hayvanlar başta olmak üzere samur, tilki, tavşan, sincap, köstebek, yaban domuzu, ördek, yaban horozu gibi hayvanları avlar; dağ fıstığı gibi ağaçların meyvaları ile diğer yenebilir bitki ve kökleri toplayarak yaşarlardı. Ayrıca hayvancılık, odunculuk gibi işlerle de uğraşarak göçebe bir yaşam süren Altay Türkleri, bugün büyük oranda yerleşik yaşama geçerek tarımla uğraşır hale gelmişlerdir. Çoğu boy, oymak ve obalar halinde yaşamaktadır. Eskiden beri Şaman inanışlarını benimsemişlerken, 20.yy'ın başından beri Budizm kökenli Burhanizm'e inanmaktadırlar. Rus misyonerlerinin etkisiyle Hıristiyanlığı benimsemiş olanları da vardır. XIX. yy.'a kadar giyimleri Moğollar'ı andıran Altay Türkleri, günümüzde Rus köylüleri gibi giyinmektedirler. Ekim Devrimi'nden önce, özellikle Güney Altaylılar'da çok eşlilik, kız kaçırma, beşik kertmesi, görücü usulü, kardeş çocuklarının evlenmesi gibi gelenekler yaygındı. Bugün hala görücü usulüyle evlilikler yapılmaktadır.

    Güney Altaylılar'da yaygın bir mesken tipi olan yurtlar, keçeden ve ağaçtan yapılırdı. Çok köşeli olan yurtların tavanı ve tabanı olmaz, çatıdan duman çıkışı için açıklık bırakılırdı. Kuzey Altaylılar'da ise konik şeklindeki yurtların yanısıra, tepesinde bir pencere bulunan kulübeler bulunurdu. Kulübenin ortasına kerpiç bir soba koyarlardı. Daha önceden yazı diline sahip olmayan Altay Türkleri 1928-1938 yılları arasında Latin Alfabesi kullanmışlardır, 1938'den itibaren ise Altaycayı Kiril Alfabesiyle kullanmaktadırlar.

    Altay Türkleri'nin güney kanadından olan Tuvalar; Krasnoyarsk, Altay ve İrkutsk bölgeleri ile Buryatistan Cumhuriyeti ve Moğolistan arasında kalan Tuva Cumhuriyeti'nde çoğunluktadırlar (Başkent Kızıl). Altay-Sayan dağlık bölgesinde uzanan Tuva topraklarının % 82'si dağlık, % 18'i ise ovalardan ibarettir. Sayıları 235 bin kadar olan Tuvalar; Kırgız, İrkit, Hasut, Argamık, vb. gibi boylardan oluşurlar. Bir kısmı Çin ve Moğolistan'da yaşamaktadır. Genellikle Budist-Lamaist olan Tuvalar'da hala Budizm öncesi ibadetler ve şamanizm yaygındır. Eskiden daha çok avcılıkla uğraşan Tuvalar'da fakir aileler balık avlarlardı. Ağ, olta veya zıpkın kullanırlar; buz altından balık tutmayı da bilirlerdi. Hemen hemen her ailede keçeden; yurtlar, halılar ve şilteler yapılırdı. Bugün tarımsal bir bölge olan Tuva'da, çayır ve otlaklar bol olduğu için hayvancılık da gelişmiştir.

    Tuvalar'ın kaldığı yurtlar; yuvarlak, kolayca sökülüp kurulabilen ve ağaçtan yapılmış sırıkların derilerle tutturulmasıyla oluşan kafes şeklindeki bir iskeletten ibaretti. Çevresi keçeyle kaplı olan yurtların kapıları, tahtalardan veya bir keçe parçasından yapılırdı. Çadırın ortasında bir ocak bulunurdu. Üzerleri resimlenmiş paravanlarla çadırın içinde odalar oluşturulurdu. Girişin sağı kadınlara, solu ise erkeklere ayrılmıştı. Milli giysileri, ayakkabılar dahil, evcil ve vahşi hayvanların kürk ve derilerinden, çeşitli kumaşlardan ve keçeden yapılırdı.

Tuva bölgesi 1914'te de Ruslar'ın eline geçti ve 1948'den sonra Oyratya adıyla SSCB topraklarına katıldı. 1921 yılında ilk anayasasını kabul eden Tuva "Tannu-Tuva Halk Cumhuriyeti"ni oluşturmuş ve 1944 yılında "Tuva Özerk Bölgesi" statüsüyle SSCB'ne katılıncaya kadar bağımsız kalmıştır. 1961 yılında Özerk sosyalist cumhuriyet olan Tuva, Ağustos 1991'de "Tuva Cumhuriyeti" olarak Rusya Federasyonu bünyesinde kalmıştır.

Derleyen:Lale Öz
(Yazının Hakasya ile ilgili kısmında, büyük oranda Dr. Mıltıgaseva'nın
"Benim Hakasyam" adlı makalesinden yararlanılmıştır.)

KHAKASSIA, ALTAY, TUVA

The Republics of Khakassia, Altay and Tuva are located within the borders of the Russian Federation and share the same ethnic and cultural roots. The local population is to be found concentrated mainly in the rural districts and the density is insufficient to ensure the survival of the local culture. The Soviet industrialization policy pursued in 1950-1960, the Russian migration from the West and the minority situation of the local population in the newly founded cities has resulted in a considerable degree of cultural assimilation.

At the present day, the approximately 70,000 Khakas Turks are concentrated mainly in the capital Abakan and along the banks of the Yenisey river. The community is composed of a number of different *boys* (clans), such as the Sagai, Beltir, Kachin, Koybal, Kyzyl, Shor and Kamasin, and these *boys* are divided into a number of *oymaks* (branches). The region is fairly rich in underground minerals and, since the 1930s, developments in the gold-mining industry have led to the opening of several mines and the foundation of a large number of new villages. Workers' villages have also sprung up along the railroad line. The republic now contains four cities, eighteen workers' villages and over 300 *boys* and *oymaks* . The capital Abakan, which had a population of 1,500 before the October Revolution, is now a city of 160,000 inhabitants and thirty peoples. The official language of the Khakas Republic was composed in 1930 from the Sagai and Beltir languages. According to turcologues, the Khakas language derives from the Khirgiz and old Uyghur languages.

The Beltir and Shor clans continued to engage in hunting wild animals until the 18th century when Russian influence directed them towards agriculture and animal raising. The Koybals, who had migrated from the banks of the Yenisey, settled in the region known as the 'Koybal Steppes' between the Yenisey and Abakan rivers. Although in their original homes they engaged mainly in hunting, in their new settlements they turned to agriculture and animal raising. However, the ancient stone statues known as "kurgans" indicate that from very early times the Khakas had supplemented their hunting and fishing with a certain amount of agriculture. The Kyzyl, who lived in the forests, depended on fishing and hunting, while the Sagais and Kachins engaged in animal raising. Until the arrival of the Russians, they lived in *yurts*, namely nomad tents covered with felt in the winter and birch bark in the summer.

Khakassia, which came under Tzarist Russian rule in the 17th and 18th centuries, first aroused the interest of Russian explorers and then attracted settlement by Russian immigrants. Although, under Russian administration, which persisted for 325 years, every effort was made to convert the population, which then believed in shamanism and the powers of nature, to the Russian Orthodox Church, it is still possible to find individuals who retain their old faiths. In the religious festivals held in June, the Khakas offer animal sacrifices, hold musical festivities, drink koumis and indulge in jerit and wrestling and other sports. The dead are buried together with their clothes and their horses' saddles. On the fortieth day they sacrifice and eat the horse of the deceased, and place its head on a spear which they plant at the head of the grave. The Khakas have endeavored to preserve their old cultures in the villages, but as cultural events such as religious festivals, celebrations, funerals and religious traditions came to be arranged through societies and associations attached to the Soviet bureaucracy they have completely lost their local (rural) characteristics.

The Khakas used to produce everything required for daily use. When it was a question of constructing a polygonal *yurt* they knew exactly what tree should be chosen and at what time of the year so as to ensure that the tent was solid and durable. All the female costumes were embroidered. In spring and summer, the Khakas women and men wore light overcoats of velvet or broadcloth. Their winter overcoats were full and long, with a broad skirt. Wedding apparel was carefully preserved and would be bequeathed by the girl to her youngest relatives. Of particular interest was the decorative collar known as *pogo* attached to the bridal dress and used by married women. The *pogo* was decorated with the best quality mother-of-pearl, coral and various beads and stones. The sewing of these garments demanded such care, artistic skill and labor that it could be successfully accomplished only by masters in the art of embroidery and decoration. The concepts, fancies and symbols employed in these decorations would form a subject for very special research.

The Khakas never discriminated between male and female children. They believed that the more children they had the more likely they were to win the favour of the gods. It was quite normal for Khakas families to have eight or more children. The Khakas believed that life was hard, but that sincere and affectionate behavior sufficed for the bringing up of the children. In every household could be heard words like *irkeçem* (dear, darling), *kün çari* (daylight) or *hura ganım* (my lamb).

Abakan, the capital of the Khakas Republic, derived its name from the Akaban river. According to one of the legends connected with the origins of the name, in very early times one of the villages was harassed by an enormous bear. This bear would attack the inhabitants and devour the animals. The fear inspired by the bear was as massive as the bear itself. In the course of time a strong, young hero appeared in the village. One day, while out hunting, this hero caught the bear in a trap and severely wounded it. But the bear escaped. Following its track through the forest, the hero came across the bear lying amongst trees torn up by the roots and enormous stones. The bear immediately died on the spot and turned into a huge mountain. From the skirts of this mountain a crystal-clear stream flowed limpidly and rapidly down into the valley below. This stream split up into branches, one of them being the broad torrent of Abakan. In the Khakas language the river is known as Abahan *(aba-ayı, han-kan)*, meaning "bear's blood".

There are about 200,000 Altay Turks living in *boys* in the Altay Republic and in the Altay region that forms the most mountainous section of southern Siberia, with altitudes of over 4,000 m in the south-east. Most of the Altay Turks, whose name derives from *altın*, the Turkish word for "gold", adopted a settled way of life in the 19th century. The Turks in this region can be divided into the southern and northern Altay peoples. The Southern Altays are composed of Kalmyks, who live a nomadic life on the banks of the Katunya and Charish rivers, the Telengits, known as Dvoyedan (a Russian term meaning "liable for the payment of two taxes" because of their having to pay taxes to both the Russians and the Chinese) and the Kalmyks in the vicinity of the Biyve and Katun rivers in the south. These are divided among themselves into a number of *oymaks*. The Northern Altays, on the other hand, are composed of the Kara Orman (Black Forest) Turks (Tuvas) living on the densely wooded mountains, the Kumandıs, and the Lebeds, who believe that they are descended from a swan, living on the banks of the Lebed river. (The word "lebed" means "swan" in Russian.)

The Altay region, which came under Russian hegemony in the second half of the 19th century, was incorporated within the territory of the USSR in 1922 as the Gorno Altay Autonomous Region. In 1991 it became a "republic" and in 1992 took its place in the Russian Federation as the Altay Republic.

In former times the Altays hunted animals such as sables, foxes, hares, squirrels, moles, wild boars, ducks and wild cocks, some of these being hunted principally for their fur. Formerly a nomadic people who lived by gathering the fruit of the mountain pistachio as well as various edible plants and roots and were also engaged in activities such as animal raising and the lumber trade, most of the Altays have now adopted a mainly settled existence with agriculture as their main occupation. Most of them live in *boys, oymaks* and *obas* (family groups). They formerly held shamanistic beliefs, but since the beginning of the 20th century they have adopted Burhanism, a religion derived from Buddhism, although some were converted to Christianity as the result of the work of Russian missionaries. Until the 19th century the costume worn by the Altay Turks was similar to that of the Mongols, but their dress is now more or less identical with that of the Russian peasants. Prior to the October Revolution, traditions such as polygamy, the kidnapping of the bride, infant betrothals, the use of female go-betweens in arranged marriages and marriage between siblings were still widespread. Arranged marriages are still quite common.

The type of dwelling most commonly to be found among the Southern Altays was one made of felt or timber. These polygonal *yurts* had neither floor nor ceiling, a hole being left in the roof to allow the smoke to escape. The Northern Altays had conical *yurts* as well as huts with a window at the top and a mud brick stove within. From 1928 to 1938 the Altay Turks, who until then had no written language, used the Latin alphabet, but after 1938 they adopted the Cyrillic.

The Tuva Turks, who form the southern wing of the Altay Turks, make up the majority of the population in the Tuva Republic (capital Kyzyl) that lies between the Krasnoyarsk, Altay and Irkutsk regions and the Buryatistan Republic and Mongolia. Tuva territory lies in the mountainous Altay-Sayan region, with 82% of it consisting of mountainous terrain and 18% of plains. The Tuva people number about 235,000, and are composed of the Khirghiz, Irkit, Hasut, Argamık and other *boys*. Some of the Tuvas live in China and Mongolia. They are now mainly of the Buddhist-Lamaist faith, but shamanism and pre-Buddhist rites are still practiced. In former times the Tuvas were engaged mainly in animal raising, while the poorer families engaged in fishing, using nets, hooks and harpoons. They also knew how to catch fish under the ice. Almost every family produced *yurts,* rugs and mattresses of felt. Tuva is now an agricultural region, with a rich animal raising industry based on the abundance of meadows and pasture land.

The *yurts* inhabited by the Tuvas consisted of a cage-like framework of wooden poles held together by leather bands which is very easily dismantled and reassembled. The whole was covered with felt, with doors made of wood or a piece of felt. There was a hearth in the center of the tent, which was divided into rooms by means of screens with pictures painted on them. The right-hand side of the entrance was reserved for the women, the left-hand side for the men. The national costume, including the shoes, was made from the fur and hides of both domestic and wild animals and of felt and various fabrics.

The Tuva region was annexed by the Russians in 1914 and in 1948 was incorporated in the USSR as Oyratya. In 1921 Tuva adopted its first constitution as the "Tannu-Tuva People's Republic", remaining independent until being incorporated in the USSR as the "Tuva Autonomous Region" in 1944. In 1961 it assumed the status of an independent socialist republic, and in August 1991 it joined the Russian Federation as the "Tuva Republic".

Prepared in Turkish by Lale Öz
(Dr. Ludmila Miltigasheva's article "My Khakassia" is one of the major sources for the chapter. about Khakassia of this article.)

ХАКАСИЯ, АЛТАЙ, ТУВА

Республики Хакасия, Алтай и Тува, расположенные на пограничных территориях Российской Федерации, имеют общие этнические и культурные корни. Несмотря на то, что в этих районах преобладает сельское население, невозможно обеспечить сохранность местной культуры в силу его малой плотности. В результате советской экономической политики в 1950-60 годах во вновь построенных столичных городах произошла ассимиляция культур русского населения, прибывшего из западных районов, и местного населения.

Хакасы тюркского происхождения (около 70 тысяч человек) живут в частности в своей столице Абакан и по берегам реки Енисей. Они делятся на такие общины, как сагайцы, бельтыры, качинцы, койбаллы, кызыльцы, шорцы, камасинцы и т. д. Эти общины, в свою очередь, состоят из племен. Страна богата залежами металлов, и с 1930 годов, в ходе развития золотодобывающей промышленности, при рудниках возникло много жилых поселков. Рабочие поселки отстраивались и по линии железной дороги. В настоящее время в Республике насчитывается четыре города, восемнадцать рабочих поселков и свыше трехсот сельских общин и племен. До Октябрьской революции население Абакана составляло 1500 человек, а сегодня - 160 тысяч человек, и более тридцати национальностей. Официальный хакасский язык был создан в 1930 году на основе сагайского и бельтырского языков. По мнению туркологов язык хакасов генетически связан с древнекиргизским и древнеуйгурским языками.

Бельтыры и шорцы были типичными охотниками-звероловами. В 18-ом веке под влиянием русских они приобщились к земледелию и скотоводству. Койбалы, перебравшиеся с правого берега Енисея, заселили междуречье Енисея и Абакана, получившее впоследствии название Койбальской степи. Занимаясь на своих прежних местах преимущественно охотой, они в новых степных районах стали переходить к скотоводству и земледелию. Курганы - каменные изваяния - свидетельствуют о том, что еще в древние времена население Хакасии занималось не только охотой и рыболовством, но и земледелием. Главным занятием кызыльцев, живших в лесах, являлись рыболовство и охота, а сагайцы и качинцы были скотоводами. До прихода русских хакасы жили в юртах, зимой крытых войлоком, а летом - берестой.

Хакасия перешла в подданство царской России в 17-18 веках. Поначалу она привлекла внимание русских путешественников, а позднее стала родиной для русских переселенцев. Несмотря на то, что русское правление, продолжавшееся 325 лет, заставляло хакасских тюрок-шаманистов принимать православие, и сегодня можно часто встретить людей, верующих в шаманизм и могущество природных сил. На июньском религиозном празднике хакасы совершают жертвоприношение, устраивают музыкальные праздники, пьют кымыз, состязаются в борьбе и проводят разные игры, такие как джирит и пр. Умерших хоронят в одеждах, а в могилу кладут седло лошади. На сороковой день после кончины лошадь умершего приносится в жертву, ее мясо съедается, а голова насаживается на копье и копье устанавливается на могилу. Такие составные части культуры, как обряд поздравления и похорон, культовые обряды хакасов, которые они стараются сохранить в деревнях, потеряли свою самобытность, поскольку они должны представляться через различные подразделения советской бюрократии - объединения, союзы и т.д.

Многие вещи, необходимые для повседневной жизни, хакасы изготовляли сами. Если затевалось строительство бревенчатой многоугольной юрты (избы), хозяин точно знал, с какого участка леса, в какое время года надо выбирать деревья, чтобы бревна были крепкими и служили долго. Любой вид женской одежды украшался вышивкой. Весной и летом мужчины и женщины носили верхнюю одежду из сукна и бархата. Зимняя шуба была свободной и длинной с широким подолом. К свадебной одежде относились бережно, передавая ее по наследству младшим родственницам по женской линии. Принадлежностью свадебного наряда является также и пого - нагрудное украшение замужней женщины. Пого украшалось ценными материалами: перламутром, кораллами, бисером, бусами, каменьями. Шитье пого представляло собой большую трудоемкую работу, которую искусно и художественно могли выполнить только народные умельцы, мастера по вышевке орнаментов. В эти изображения они вкладывали определенные идеи, фантазии и символы, расшифрофка которых требует специального исследования.

В семьях хакасов, в основном, не было предпочтения мальчика девочке - радовались каждому ребенку. Считалось, чем больше детей, тем больше эту семью любят боги. Восемь или более детей для хакасской семьи было не редкостью. Пусть не очень легко складывалась жизнь, но каждому хватало доброго участия и ласкового слова. Обычно детей называли иркечем - голубчик, Кун чары - солнечный светик, хура ганым - ягненочек: в любом доме звучали эти слова.

Столица Хакасской республики получила свое название по имени реки Абакан. В одной из легенд, рассказывающей о происхождении названия реки, дается такое обьяснение. В далекие-далекие времена вблизи одного из селений поселился великан медведь, который нападал на людей и уничтожал скот. Страх перед огромным зверем был велик. Прошло много лет и в селении вырос молодой сильный богатырь. Однажды во время охоты богатырь вступил в схватку с гигантом-медведем и ранил его. Медведь бежал. Охотник шел по его следу и вскоре в тайге, среди вырванных с корнем деревьев и огромных валунов, он увидел погибшего зверя, превратившегося в огромную гору. Из под горы выбивалась чистая, бурная струя, которая стремительно бежала вниз в долину вбирая в себя в новые ручьи, превращаясь в прекрасную реку Абахан (медвежья кровь: аба-медведь, хан-кровь). Русские называют ее Абакан.

Алтайцы-тюрки, численность которых около 200 тысяч, живут общинами в Алтайской республике, расположенной в самом гористом районе Южной Сибири. Большинство алтайских тюрок (от слова "алтын" на тюркском языке) перешло к оседлой жизни в 19-ом веке. Их можно разделить на две группы: южные и северные алтайцы. Южные алтайцы включают в себя из калмуков, кочевавших по берегам рек Катунь и Чарыш, теленгитов, называвшихся двоеданами, (так как они должны были платить налог и китайцам и русским) и каракалмуков, живущих на севере Томской области по рекам Бия и Катунь. Все эти тюрки также делятся на племена. К северным алтайцам относятся тюрки черного леса (тувинцы), живущие в густой горной тайге, кумандинцы, и лебединцы, обитающие на реке Лебедь и верящие в свое происхождение от этой птицы.

Алтайский край перешел в русское подданство на второй половине 19-го века. С 1922 года он появился на картах СССР как Горно-алтайская автономная область. Став республикой в 1991 году, в мае 1992 года она заняла свое место в Российской Федерации как Алтайская Республика.

Прежде алтайцы занимались охотой, в первую очередь на пушного зверя (соболь, лисица, белка, заяц, сурок, горностай), дикую птицу (гуси, утки, утки, тетерева), сбором кедрового ореха, съедобных растений и кореньев. Алтайские тюрки, занимавшиеся также скотоводством и заготовкой древесины, когда-то были кочевниками, но сегодня большинство из них перешли к оседлой жизни и начали развивать земледелие. Проживают они общинами и племенами. Издревле исповедовавшие шаманизм, с начала 20-го века алтайцы являются исповедниками и бурханизма, течения возникшего из буддизма. Среди алтайцев есть и христиане, принявшие православие под влиянием русских миссионеров. Одежда алтайцев была похожа на одеяния монголов до 19-го века, сегодня они одеваются, как русские крестьяне. В дореволюционный период, особенно у южных алтайцев, были распространены полигамия, похищение невест, обычай женить грудных детей, браки по сватовству, родственные браки. Брак по сватовству распространен до сих пор.

Жилища южных алтайцев представляли собой юрты, построенные из древесины или войлока. Многоугольная юрта не имела потолка и пола, а дымовое отверстие располагалось по центру крыши. У северных алтайцев, наряду с конической юртой, бытовали землянки. Окно было пробито в крыше, а внутри имелась глинобитная печь. Прежде у алтайцев не было письменного языка. С 1928 по 1939 год они писали на латинице, а после 1938 года - на кириллице.

Большинство тувинцев (род южно-алтайцев), живет в Красноярской, Алтайской, Иркутской областях и в Республике Тува (столица Кызыл), расположенной между Республикой Бурятия и Монголией. %82 территории Тувы, лежащей в Алтайско-Саянской области, покрыта горами, а %18 представляют собой равнину. Тувинцы, численность которых около 235 тысяч человек, живут общинами, подобно кыргызам, иркитам, хасутам, аргамыкам. Расселены они также в Монголии и Китае. По вере своей тувинцы в основном буддисты-ламаисты, но сохраняются также и добуддистские культы, шаманизм. Раньше основным занятием тувинцев была охота, а бедные семьи промышляли рыболовством. Рыбу ловили сетью, на крючок, лучили острогой; знали и подледный лов. Почти в каждой семье покрытие для юрты, коврики и матрацы изготовляли из войлока. Наряду с земледелием, в Туве распространено скотоводство, поскольку есть большие луга и пастбища.

По форме юрта тувинцев была круглой, имела разборный легко складывающийся решетчатый остов из деревянных планок, скреплявшихся кожаными ремешками. Юрту покрывали войлочными полостями, а дверь делали либо деревянной, либо его служил кусок войлока. В центре юрты помещался очаг. В юрте устанавливались передние стенки, декорированные расписным орнаментом. Правая от входа часть юрты считалась женской, левая - мужской. Традиционную одежду, включая обувь, изготовляли из шкур и кожи домашних и диких животных, а также из различных тканей и войлока.

В 1914 году Тувинская область была принята под протекторат Росии. В 1921 года была провозглашена Народная Республика Танну-Тува, которая оставалась независимой вплоть до ее включения в состав РСФСР в 1944 году. В 1961 году она была преобразована в Тувинскую АССР, а с 1991 года - это Республика Тува.

Составительница на турецком языке: Лале Оз
(Во главе о Хакасии данной статьи составительница воспользовалась статьей "Моя Хакасия" Людмилы Мылтыгашевой.)

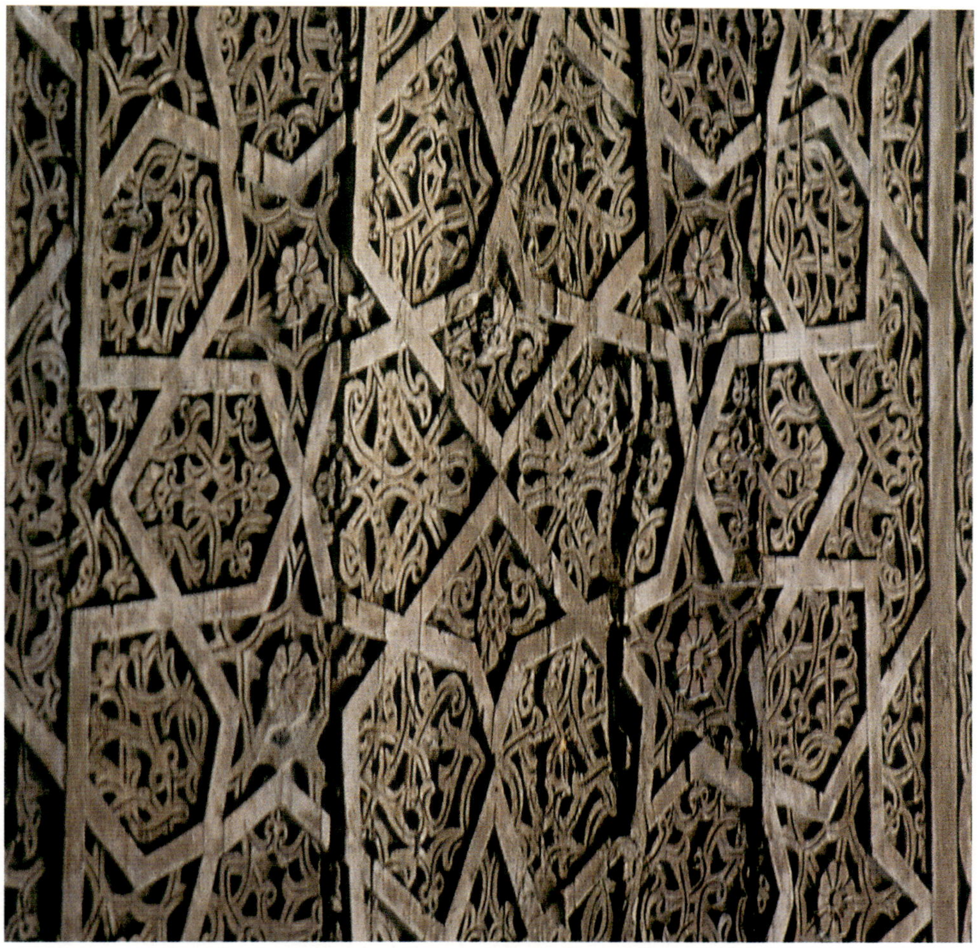

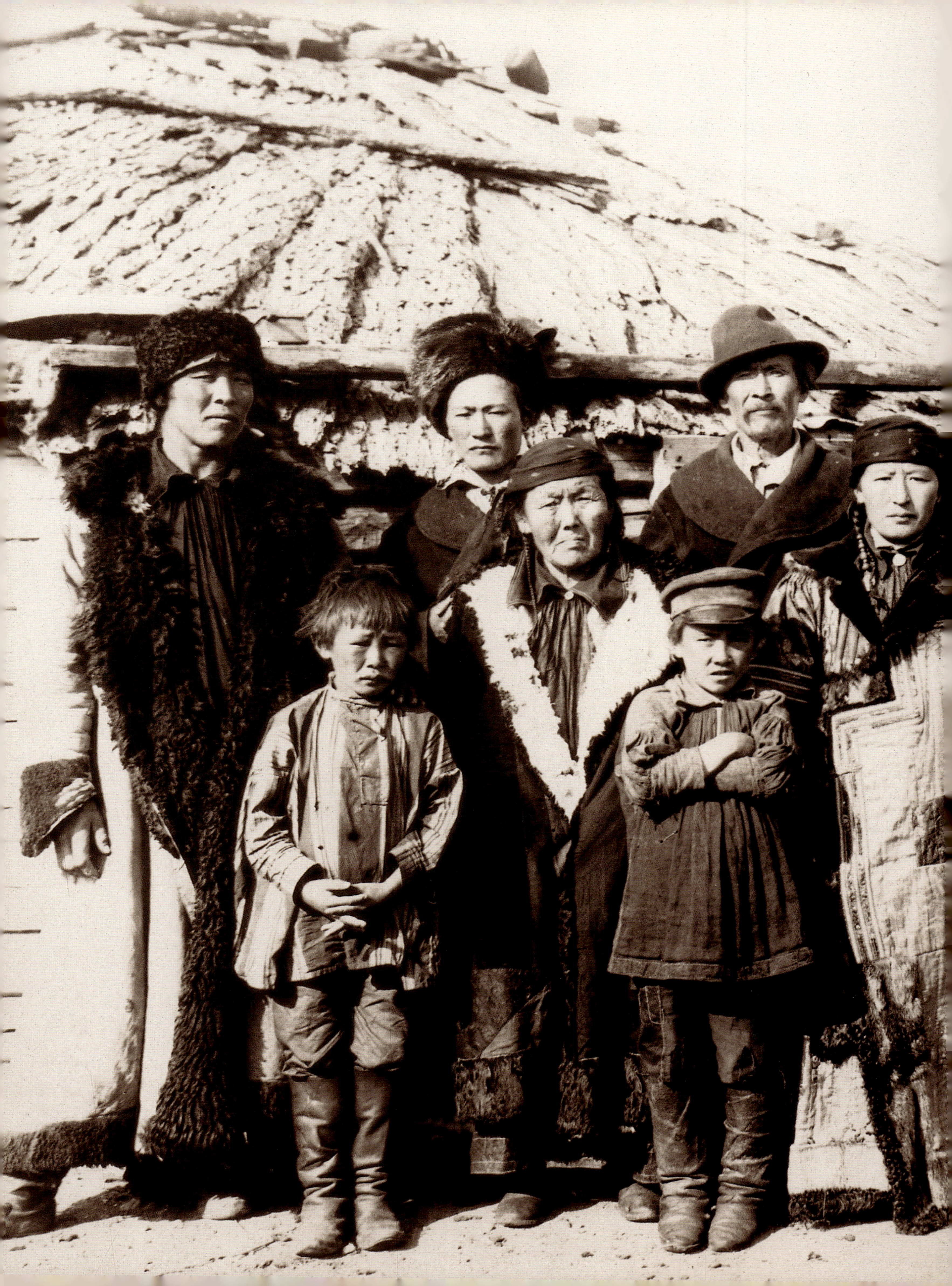

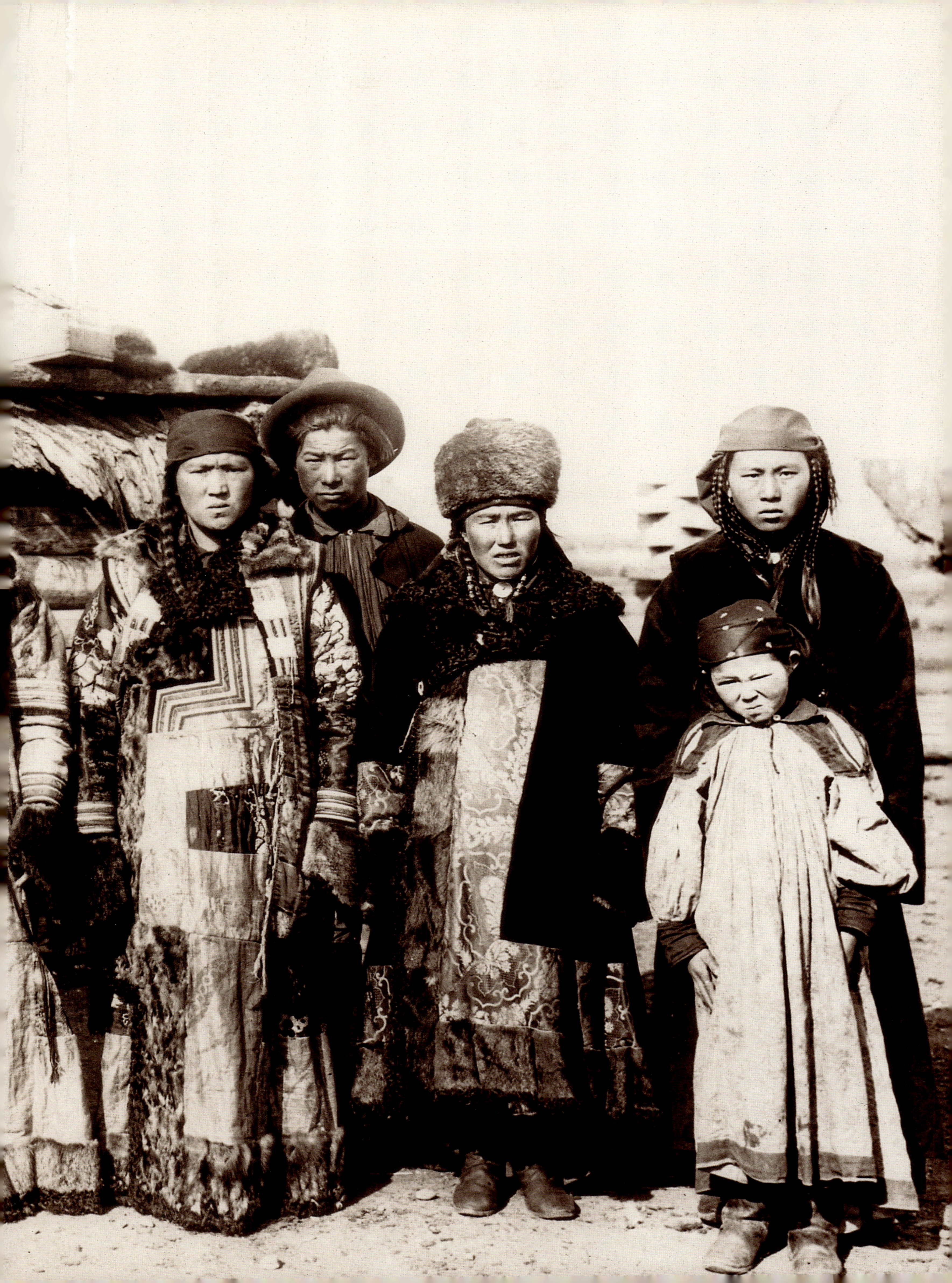

Hakasya. Güney Sibirya'daki Şira gölünde Spiridonov'un yurdunun içi
N. Fyodorov, 1914
Khakassia. The interior of Spiridonov's yurt by the Shira lake in South Siberia.
N. Fyodorov, 1914
Хакасия. Внутренний вид юрты Спиридонова около озера Шира в Южной Сибири
Н. Федоров, 1914г

Önceki sayfalar
Hakasya. Güney Sibirya'da yurt önünde Hakas ailesi
Tarih ve fotoğrafçı bilinmiyor
Previous pages
South Siberia. A Khakassian family in front of a yurt
Date and photographer unknown
Предыдущие страницы
Хакасия. Семья Хакасов около юрты в южной Сибири
Фотограф и дата неизвестны

Hakasya. Bir yurdun içi
N. Fyodorov, 1914
Khakassia. The interior of a yurt
N. Fyodorov, 1914
Хакасия. Внутренний вид одной юрты
Н. Федоров, 1914г

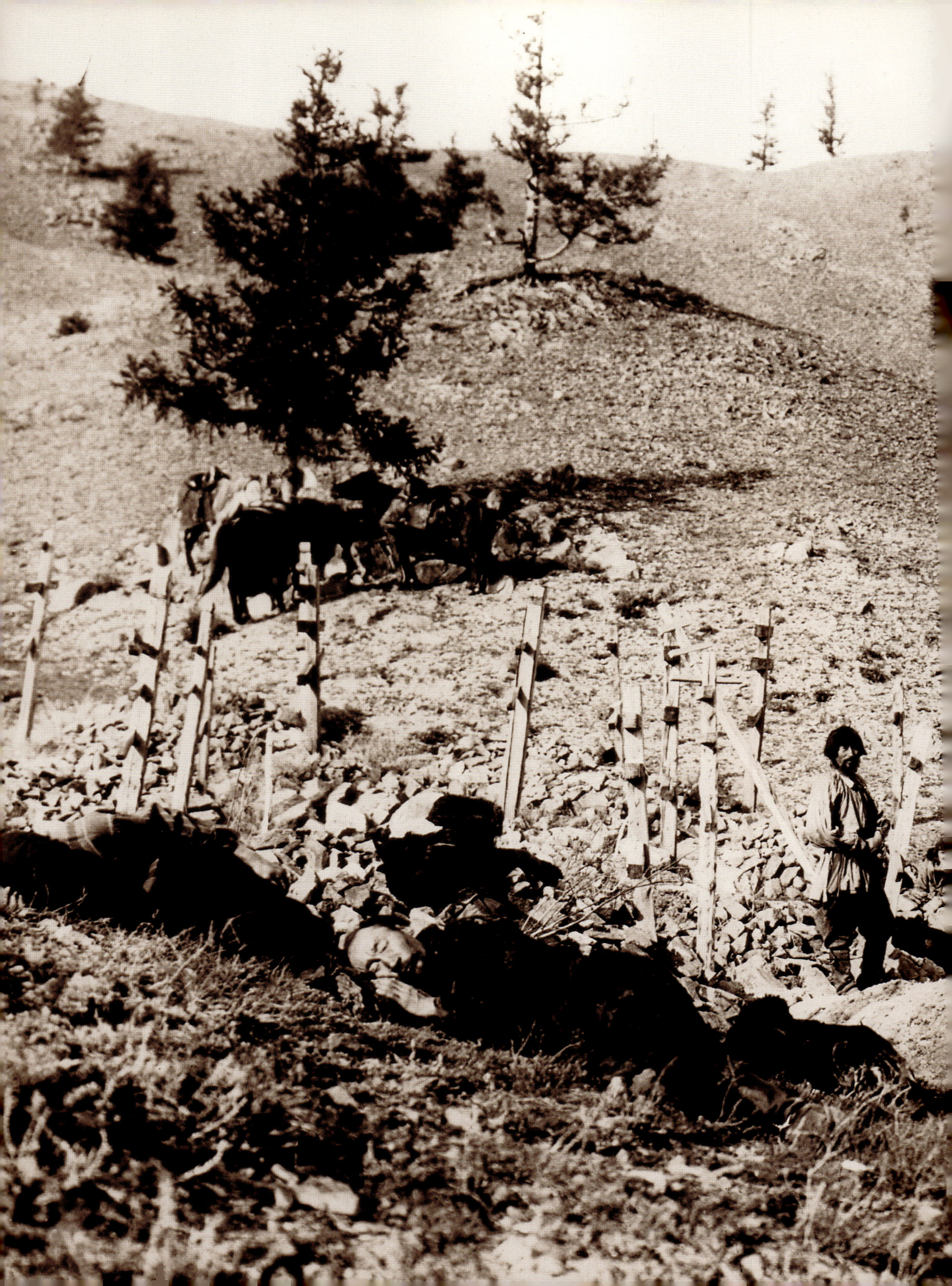

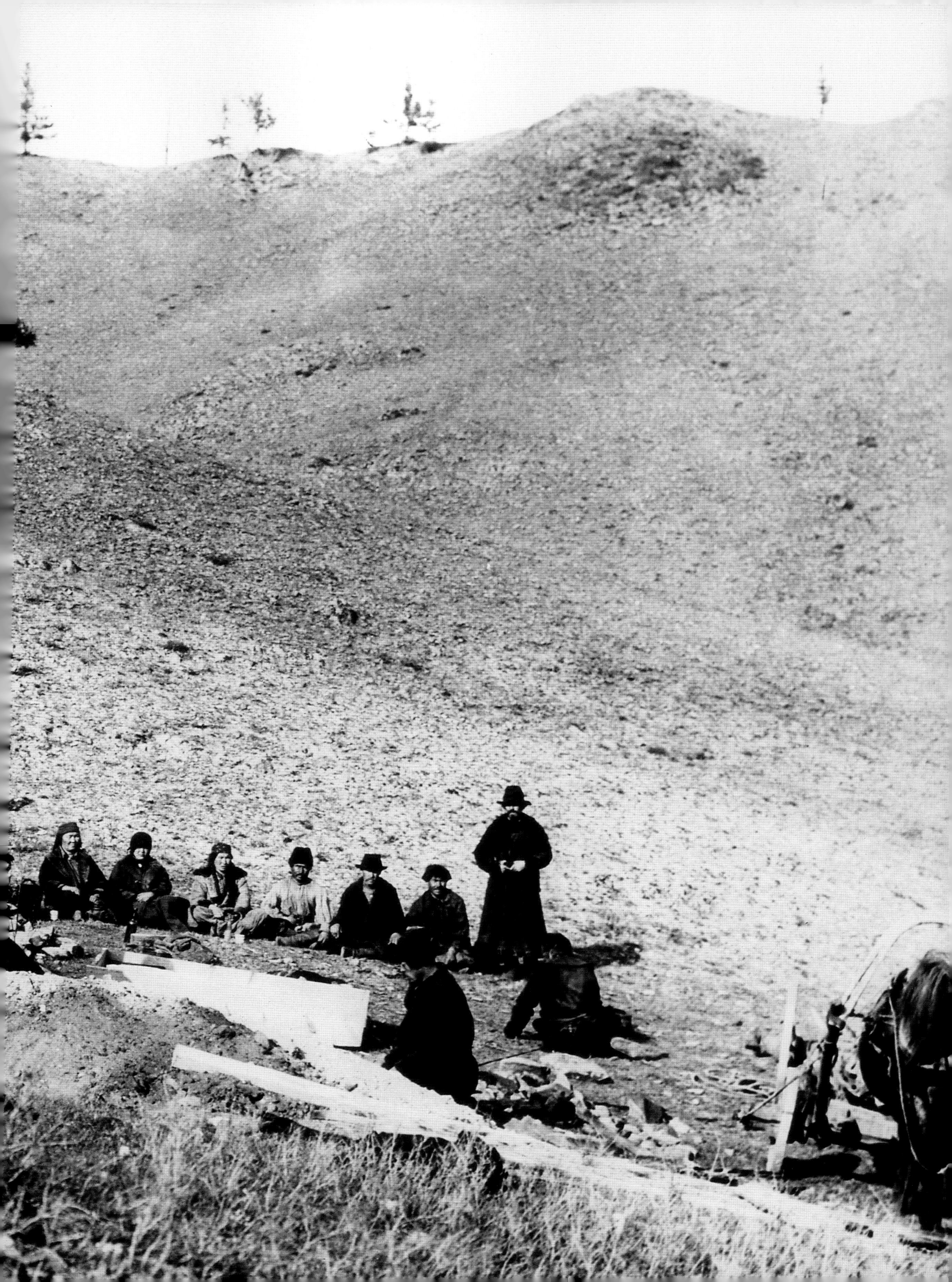

Hakasya. İlya Mihayloviç Tuzmin'in yurdunun içi.
N. Fyodorov, 1910
Khakassia. The interior of Ilya Mihaylovich Tuzmin's yurt
N. Fyodorov, 1910
Хакасия. Внутренний вид юрты Или Михайловича Тузмина
Н. Федоров, 1910

Önceki sayfalar
Ortodoks Hakaslarda cenaze töreni. Ön plandaki sızmış sarhoş, cenazeyi pek ciddiye almamış gibi
L. Poltoratskaya, 1876
Previous pages
Khakassia. Funeral of the Orthodox Khakassians. The drunkard in the front doesn't seem to take the ceremony seriously
N. Fyodorov, 1912
Предыдущие страницы
Традиция похороны у православных хакасов. Пьяный не придает значения покойнику
Л. Полторацкая, 1876г

Altay'da Byisk Yakınları: Şaman Tapınağı
L. Poltoratskaya, 1876
Near Byisk in Altay. The Shaman's temple
L. Poltoratskaya, 1876
Алтаы. Около Бйиска: Шаманское овятилище
Л. Полторацкая, 1876г

Altay'da Şaman
L. Poltoratskaya, 1876
Altay. Shaman.
L. Poltoratskaya, 1876
Алтай. Шаман
Л. Полторацкая, 1876

Tuva. Baskent
Kızıl: Şaman
Ergun Çagatay, 1995
*Tuva. Kyzyl. Shaman
Ergun Çagatay, 1995*
**Тува. Шаман
Эргун Чагатай, 1995г**

Altay'da Kırgızlar
N. Nehoroşev, 1871-1872
The Kirghizs in Altay
N. Nehoroshev
Киргизы в Алтае
Н. Нехорошев, 1871-1872

Altay. Kırgız kadınlar
N. Nehoroşev, 1871-1872
Altay. The Kirghiz women
N. Nehoroshev, 1871-1872
Алтай. Киргизские женщины
Н. Нехорошев, 1871-1872

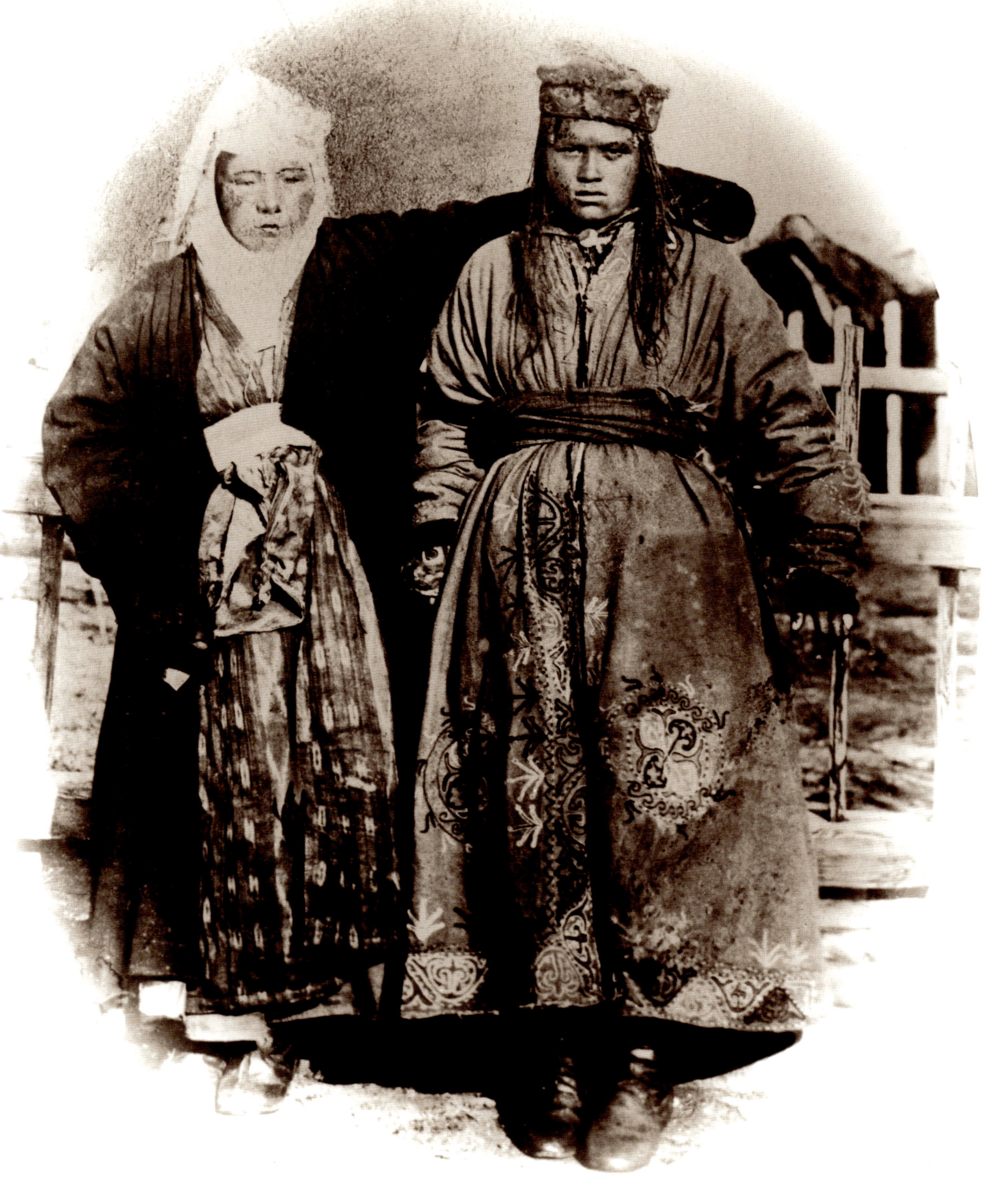

KAYNAKÇA - BIBLIOGRAPHY - БИБЛИОГРАФИЯ

1- Kathleen Hopkirk, "A Traveler's Companion to Central Asia", London, 1993

2- James MacGahan, "Compaigning on the Oxus and the Fall of Khiva", New York, 1874

3- "Fabled Cities of Central Asia-Samarkand, Bukhara, Khiva", New York, 1989

4- Eugene Schuyler, "Turkistan- Notes of a Journey in Russian Turkistan, Khokand, Bukhara and Kuldja", Vol. 1-2 London, 1876

5- Rashid Ahmed, "The Resurgence of Central Asia - Islam or Nationalism?", London, 1994

6- Н.Немцева, "Шахи Зинда", Ташкент, 1987

7- Народы Росии-энциклопедия, Москва, 1994

Sergiyi ve bu kitabı hazırlayan
The concept of this book and the exhibition is realized by

Ergun Çağatay

Redaktör
Redacted by

Lale Öz

Yayınlayan
Copyright and published by

Tetragon İletişim Hizmetleri A.Ş.
İnönü Cad. Meriç Apt. No:75/4
Gümüşsuyu/İstanbul
Tel/*Phone*: (0212) 249 98 91
Faks/*Fax* : (0212) 293 12 80

Bu kitabın yayın hakkı Tetragon AŞ'ye aittir ve tüm hakları saklıdır. 5846 sayılı yasaya göre; kitabı yayınlayan yayınevinin önceden izni olmaksızın, kitabın tamamı veya bir bölümü; elektronik, mekanik, fotokopi ya da diğer kayıt sistemleriyle çoğaltılamaz, yayınlanamaz ve depolanamaz. Aksi halde yasanın 71. ve takip eden maddeleri gereğince cezayı gerektirir, haksız fiil niteligindedir.

All rights reserved. This book may not be reproduced, in whole or in part, in any form, without written permission from the publishers.

ISBN 975-94789-0-0

Grafik tasarım
Designed by

Yüksel Çetin

Bu kitaptaki tüm renkli ve siyah beyaz fotoğrafların
dijital düzeltmesi ve restorasyonu
Ahmet Kayacık
tarafından yapılmıştır.
*All digital correction and restoration of
old black and white photographs in this book as well as color
have been done by
Ahmet Kayacık*

Renk ayrımı ve baskı
Printed by

MAS Matbaa

Kitapta kullanılan dekoratif resimler 1993-1994 yıllarında Ergun Çağatay tarafından çekilmiştir.

All decorative photographs have been photographed by Ergun Çağatay between 1993-1994.

Sy. II   - Kokand Han Sarayı'nın tahta oyma giriş kapısı
Sy. IV   - Buhara. Bahaettin Nakşi Türbesinin tavan süslemesi
Sy. VI   - Semerkand.Şah-ı Zinde Kompleksi, duvar süslemesi
Sy. VIII - Andican Camisi, tavan süslemesi
Sy. 21   - Fergana Camisi, tavan süslemesi
Sy. 39   - Semerkand. Tilla Kari Medresesinin tavan süslemesi
Sy. 99   - Andican Camisi, tavan süslemesi
Sy. 175- Semerkand. Hoca Ahrar Külliyesi, tavan süslemesi
Sy. 193- Semerkand. Şah-ı Zinde Kompleksi.
         Emirzade Türbesi, tavan süslemesi

*Pg II   - Khokand. Wooden carved door of entrance from khan's palace
Pg IV   - Bukhara. Ceiling decoration from tomb of Bahaettin Nakshi
Pg VI   - Samarkand. Wall decoration from Shah-i Zindah Complex
Pg VIII - Ceiling decoration from the mosque of Andijan
Pg 21   - Ceiling decoration from the mosque of Fergana
Pg 39   - Samarkand. Ceiling decoration from Tilla Kari madrassah
Pg 99   - Ceiling decoration from the mosque of Andijan
Pg 175- Samarkand. Ceiling decoration from the mosque of Hoca Ahrar
Pg 193- Samarkand. Shah-i Zindah Complex. Ceiling decoration from
         tomb of Emirzade.*

Составитель выставки и данной книги

Эргун Чагатай

Редактор: Лале Оз

Издатель
Тетрагон Илетишим Хизметлери АШ
Иноню Джад. Мерич Апт. Но: 75/4
Гюмюшсую/Истанбул
Тел:(0212) 249 98 91
Факс:(0212) 293 12 80

Право на издание данной книги принадлежит Тетрагон АШ и все права сохраняются. По закону 5846 без предыдущего разрешения издательства нельзя умножить с электронической, механической или другой системами копирования, издавать и складывать. В противном случае по 71-ой и последующей статьям необходимо наказанные формальности.

Графические работы
Юксель Четин

Дигитальные порядочные работы и реставрация всех чернобелых и цветных фотографий были сделаны Ахметом Кайаджыком.

Типография
МАС Матбаа

Декоративные снимки были сняты Эргуном Чагатаем в 1993-94 годах:

Стр.II   - *Резбая дверь дворца хана Коканда*
Стр.IV   - *Украшение потолка мавзолея Бахаеттина Накши*
Стр.VI   - *Самарканд. Украшение стен комплекса Шахи Зинда*
Стр.VIII - *Украшение потолка мечети Андижан*
Стр.21   - *Украшение потолка мечети Фергана*
Стр.39   - *Самарканд. Украшение потолка медресе Тилла Кари*
Стр.99   - *Украшение потолка мечети Андижан*
Стр.175 - *Самарканд. Украшение потолка мечети Ходжа Ахрар*
Стр.193 - *Самарканд. Комплекс Шахи Зинда. Украшение потолка мавзолея Эмирзаде.*

Khiva
Ashkabad
Merv
Bukhara
Samarkand
Aulie-Ata
DJAMBOUL
Khokand
TURKMENISTAN
UZBEKISTAN
TAJIKISTAN
AFGHANISTAN
PAKISTAN
KAZAK
GEORGIA
ARMENIA
AZERBAIJAN
KALMYKIA
CASPIAN SEA
ARAL SEA
USTYURT PLATEAU
KARAKALPAKSTAN
Kabul
Tehran